NEW
CLASSIC
LIBRARY

満洲国から見た近現代史の真実

宮脇淳子

Junko Miyawaki

徳間書店

満洲国から見た近現代史の真実――目次

第一部　満洲から見た世界

第一章　なぜいま満洲国が重要なのか

第二章　満洲とはどういうところか

第三章　満洲人が清朝を建て、シナ全土を支配する

第四章　西洋近代に対応できなかった清朝

第五章　日本はなぜ満洲に出て行くことになったのか

第六章　日本はなぜ満洲国を建国したのか

第二部　五族から見た満洲

第一章　満洲族の故郷としての満洲

第二章　満洲に流入した漢人たち

第三章　満洲国に理想国家を夢見た日本人

第四章　満洲に移住した朝鮮人

装幀——井上新八

第一部　満洲から見た世界

第一章　なぜいま満洲国が重要なのか

いまこそ日本は世界に歴史の見直しを問うべき

一九四五年の日本の敗戦とともに存在が消滅した満洲国のことを、いま、ふたたび大々的に取り上げたいと思う理由は、二〇一九年現在、世界情勢が大きく変化し始めているからです。

中国共産党政府の、少数民族自治区である新疆《しんきょう》ウイグル自治区に対する暴挙が世界中で問題になっています。自治区に住むウイグル人約八〇〇万人のうち一〇〇万人が、一三〇〇カ所もの強制収容所に入れられ、イスラム教や民族古来の言語、風習、文化を捨てるように強制する「政治再教育」を無期限に受けさせられているのです。

トルコ系言語であるウイグル語を話しているかれらを、中共政府は無理やり中国語だけを話す中国人に改造しようとしているのですが、なぜ二一世紀のいまでもウイグル人が漢字を知らず、中国語を話せないのかというと、清朝支配下では新疆は漢地とは別に藩部《はんぶ》と呼ばれ、二〇世紀まで独自の文化を保持し継承していたからなのです。

ウイグルだけでなく、モンゴルもチベットも、清朝支配下では、藩部あるいは外藩と呼ばれて、漢人は移住を禁止されていました。一九四九年に誕生した中華人民共和国は、国土の六割をも占めるかれらの土地を軍事力で制圧し、少数民族自治区と規定して、これまで中国化を推し進めてきました。文化大革命のときにまず内モンゴルを中国化し、次いでチベットを弾圧し、この二つで成功したので、最後に新疆で仕上げにかかっている、というわけです。

中共政府は、モンゴル人もチベット人もウイグル人も黄帝の子孫の中華民族なのに、途中で変な言語と変な宗教にかぶれて中国とは別の道を歩んできたが、ようやく「祖国に復帰した」と言いました。実際には人民解放軍が武力でかれらの土地を侵略し、反抗勢力を殺し尽くして、現地を植民地支配しているのですが、中国共産党は、植民地支配は帝国主義国家にしか存在しないもので、自分たちは社会主義国家だから植民地は存在しない、と強弁します。

清朝支配層の故郷である満洲も、藩部とは違う統治ではありましたが、二〇世紀初めまで、漢地とは別の土地と認識されていました。つまり、歴史の始めから満洲は中国だったというのは、現代中国の政治的主張にすぎないのです。

勝者である連合国が敗者である日本だけを裁いた東京裁判で、日本は中国大陸を侵略した、と判決されました。それで戦後の日本の歴史教育は、戦前の日本が侵略国家であったと教えます。現地の歴史的背景や史実を追究するべき学問研究までが、政治的忖度《そんたく》のもとで自由な発言を封じ込められてきました。

現代中国が誕生してから七〇年が過ぎ、中国という国家の政治体制や歴史的裏付けのない勝手な言い分が白日の下にさらされたいまになってようやく、本当のことが明らかにできるようになったと思います。日本が日露戦争に勝利して満洲に出て行き、満鉄を使って現地に投資したことは「侵略」だったのか、ということも、現代中国の政治的主張を離れて、根本的に考え直すことができるのではないでしょうか。そしてそれは、日本人が自分たちの歴史を取り戻し、将来日本がどうあるべきかを考えるために必要不可欠な作業だと思うのです。

「侵略」の拡大解釈に騙されてはいけない

二〇一八年六月、有志により「昭和12年学会」が発足しました。私が会長に就任したので、あらためていろいろなことを勉強し、考えさせられています。そのなかでもっとも印象深いのは、「侵略」という言葉の定義です。

戦前の日本は「侵略国家」だったと言われていますし、中国大陸を日本が「侵略」したことは世界史の中で既定の事実とされています。

ところが、この「侵略」という言葉自体が、何を指しているのか、じつは定義があいまいなまま使われているのだということを、私はあらためて痛感させられました。

青山学院大学教授だった佐藤和男先生が一九八五年に刊行された『憲法九条・侵略戦争・東京裁判』（原書房）という本を、倉山満氏から推薦されて読んだのですが、残念ながらこの本は絶版で、古本市場にもでまわっておらず、図書館に行かないと読めません。この時代にすでにこれだけ真実が語られていたのに、現在の言論状況はこのときから後退していると言わざるをえません。

大事なことを簡単に述べますと、日本語の「侵略」は、もともと英語の「アグレッション aggression」の訳語でした。東京裁判で日本は「侵略」したと判決されたわけですが、「アグレッション」は、「挑発がないのにこちらから攻撃すること（unprovoked attack）」と定義されます。要するに「正当な理由のない攻撃」という意味です。「アグレッション」には、「他国の領土を略取する」という意味はまったくないのです。

ところが漢字は表意文字です。「侵略」と訳したとたん、「略奪」といった犯罪行為が加わるイメージが生まれました。東京裁判の判決そのものも問題ですが、侵略という字づらのせいで、日本は、たとえば『大辞林』では「他国の主権・領土・政治的独立を侵すために武力を行使した」とか、『広辞苑』では「土地を奪い取る」行為をしたことになってしまいました。

前記の佐藤先生の本から引用しますが、「侵略戦争という言葉は、戦後、国際犯罪行為に対する非難の意味をこめた一種の価値判断用語として一般に、とくにマスコミで使用されているが、戦前の国際法では、その原語である、アグレッション・ウォーは、攻撃的戦争ないし侵攻的戦争という意味に限定して使用され、国際犯罪行為という性質を含んでいなかった。われわれはこの国際法史的事実を確認しかつ尊重することにより、過去のわが国の軍事行動を、ともすればことごとく罪悪視して民族の歴史を故意にけがそうとする一部言論界の傾向を克服すべきであると思う」。これが一九七七年の言論で、四二年たったいまでは、さらに状況は悪くなっているのではないでしょうか。

日本が「侵略国家」だったと定義する人は、朝鮮半島や満洲に日本がおこなった莫大《ばくだい》な投資も侵略の一環とするのでしょうか？　多くの日本人が家族をともなって大陸に渡り、その土地で平和裡《り》に商売をしたり工場経営をしたことも、侵略の一つだとするのでしょうか？

それでは、いま日本人が中国大陸にたくさん渡って商売をしていることは、どう考えればいいでしょう。もし日本と中国の間で将来紛争でも起こったら、さかのぼっていまの行為も侵略の一つだったと言われることにはならないでしょうか？

歴史と政治は切っても切れないものですが、どこまでが政治的発言で、何が史実かを、私たちはいつも注意深く見極めなくてはならないと思うのです。

「イデオロギーにとらわれない公平・公正な研究」を目指す

藤岡信勝先生、倉山満氏、私の三名で立ち上げた昭和12年学会の趣意書に、私はこのように書きました。

「昭和十二年は、日本にとって運命の年であった。支那事変（戦後は日中戦争とも呼ぶ）がこの年に始まる。盧溝橋《ろこうきょう》事件、通州《つうしゅう》事件、上海事変、正定《せいてい》事件、南京事件はすべてこの年に起きたものである。

大東亜戦争（戦後、太平洋戦争と言い換えられ、最近ではアジア・太平洋戦争という造語もある）に日本が負けたあと、『戦後歴史学』の通説は、戦前の日本が、善良な国民ばかりの中国を侵略した悪逆非道な国家だったと規定するかのような傾向がある。いまだに多くの日本人が、日本は侵略国家だったと思っているようだが、それは果たして学術的検証の結果であろうか。この点を解明するためにも、『昭和十二年』は重要な研究対象である。

本来、歴史学が目指すべき歴史とは、さまざまな立場で書かれた史料のあらゆる情報を、筋道を立てて一貫した論理で説明してみせることである。また、当時の時代背景を再現し、そこで生きた人々の気持ちを理解し想像できるようにすることである。

本学会は、日本史と世界史という縦割りの区分を取り払うだけでなく、既成のさまざまな学問、たとえば歴史学、政治学、法学、経済学、軍事学、社会学、心理学、哲学などの専門分野の枠組みを超えて、昭和十二年に起こった諸事件について、真実を追究することを目標とする。本学会は、専門分野の異なる学者たちが、イデオロギーにとらわれない公平・公正な研究により、切磋琢磨《せっさたくま》して公論をつくっていくことを、全力で応援するものである」

主人の岡田英弘の論文集や著作集の編集作業を長年おこない、私ともご縁のある藤原書店の藤原良雄社長に、私は協力を求めました。藤原社長はわれわれの趣旨に賛同してくれただけでなく、即座に自分でわれわれ三名にインタビューをして、二〇一八年十一月十一日に第一回研究発表大会が開催される直前に、『昭和12年とは何か』という書籍が藤原書店から刊行されました。

歴史はイデオロギーではないから修正主義こそが本当の歴史学

刊行の一カ月前、われわれがまだ原稿を校正しているときに、藤原書店のPR紙『機』九月号の新刊予定に本書の広告が掲載されました。題名の前には「昭和十二年から、世界史を問い直す！」とコピーがつけられ、「盧溝橋事件、通州事件、上海事変、正定事件、南京事件が起き、支那事変（日中戦争）が始まった、日本にとって運命の年を切り口に、日本史・世界史（という区分そのものも含めて）を見直すことで、戦後当然とされた『日本＝侵略国家』という『通説』をはじめ、真実を追究し、イデオロギーにとらわれない公平な歴史研究をおこなう、画期的試み。『昭和十二年学会』創立記念出版！」と内容紹介がしてありました。

すぐにいろいろな反響がありました。藤原書店ともあろうものが、なんでこんな保守反動の本を出すのだ、というのは予想の範囲として、「真実を追究し、イデオロギーにとらわれない公平な歴史研究をおこなう」と言っただけで、たちまち「リビジョニスト」と呼ばれることになりました。

リビジョニストという言葉は「修正主義者」という意味で、悪口ですが、歴史に関して言えば「修正主義者」こそが本当の歴史学者ではないかと私は思います。

主人の岡田英弘が『歴史とはなにか』で言ったように、歴史は文化の一種です。歴史は過去を解釈するストーリーなので、それぞれの集団により、これが歴史だ、と思うものが異なります。また新しい時代になれば、一定の結果が出て、そこからさかのぼるのですから過去の見方も変わります。新しい史料が出てくれば、それを取り込んで解釈し直す必要があります。

宗教やイデオロギーは、教祖は絶対に正しく、教義には間違いはないとするため、時代を経て教義に合わないことが起こったとき、現実社会が誤っている、と考え、原理主義に陥りやすいと私は思います。これに比べて、歴史学は解釈の学問だから、原理主義に陥ることがないのが利点なのに、リビジョニストを批判するということは、歴史をイデオロギーと同じだと考えているということです。

修正主義こそが本当の歴史学であると自信を持って、史実を追究していきたいとあらためて思う次第です。

「リットン報告書」も認めていた満洲の特殊事情

「リットン報告書」とは言うまでもなく、一九三一（昭和六）年に勃発した満洲事変について、国際連盟から派遣された調査団による調査報告書です。一九三三（昭和八）年二月にこの報告書を国際連盟が認め、そのあと日本が国際連盟を脱退しました。だから、リットン報告書といえば、日本の「満洲侵略」を国際社会がこぞって非難したレポートだと思っている人が多いと思います。

しかしながら、報告書は相当程度、日本の立場を認めているのです。満洲国から近現代史を見直すために、リットン報告書がどのように言っているのかは、どうしても必要な知識ですから、ここでは渡部昇一先生の解説を利用しながら（渡部昇一解説・編『全文リットン報告書』新装版、ビジネス社）、簡単に引用します。

満洲事変の性格については、リットン報告書はこう述べています。

「問題は極度に複雑だから、いっさいの事実とその歴史的背景について十分な知識をもったものだけがこの問題に関して決定的な意見を表明する資格があるというべきだ。この紛争は、一国が国際連盟規約の提供する調停の機会をあらかじめ十分に利用し尽くさずに、他の一国に宣戦を布告したといった性質の事件ではない。また一国の国境が隣接国の武装軍隊によって侵略されたといったような簡単な事件でもない。なぜなら満洲においては、世界の他の地域に類例を見ないような多くの特殊事情があるからだ」（第九章）

特殊事情については、後述します。

そして、事変が起きてしまったあとでは「単なる原状回復が問題の解決にならないことは、われわれが述べたところからも明らかだろう。本紛争が去る九月以前における状態から発生したことを思えば、その状態を回復することは紛糾を繰り返す結果になるだろう。そのようなことは全問題を単に理論的に取り扱うだけで、現実の状勢を無視するものだ」と、満洲の状態を事変以前に戻すことは現実的でないとも言っています。

リットン報告書が「世界の他の地域に類例を見ないような多くの特殊事情がある」と言ったことについては、次のような記述があります。

「当時、シナは北京と広東にまったく異なった政府をもち、奥地の交通・通信をしばしば妨害する多くの匪賊《ひぞく》のために混乱し、さらにシナ全体を渦中に投じるような内戦の準備もなされていた。（中略）独立を主張する政府はじつに三つもできてしまった。そのうえ実際に自立した省、または省の一部がいくつかあった」（第一章）

「政治的混乱あるいは内乱、社会的・経済的不安は中央政府の衰微をもたらすと同時に、一九一一（明治四十四）年の革命以来、シナの特徴となっている。こうした状態はシナと接触するあらゆる国に不利な影響を及ぼし、それが克服されるまでシナは、つねに世界平和の脅威であり、また世界経済の不況の一原因となるだろう」（第一章）

当時のシナには正統な政府がなく、いくつもの政府ができてしまい、税金の徴収などもべらぼうなものでした。

「領土が広大で、シナの人民には国家的統一感が欠如しているばかりか、徴収された税金が中央金庫に達しない財政組織が伝統になっていた」（第一章）のです。

通貨も、各政府や各軍閥が勝手に発行していましたから、統一通貨などなく、また兌換紙幣《だかんしへい》ではありませんでしたから、政府や軍閥の思惑次第で通貨価値は下落して、ひどいときには紙くず同然になってしまいました。その結果、

「日本はシナにいちばん近い国で、またシナは最大の顧客だから、日本は本章で述べたような無法状態によってどこの国よりも強く苦しんでいる。シナにおける居留外人の三分の二以上は日本人だし、満洲における朝鮮人の数は約八〇万人にのぼる。したがって、いまのような状態のままでシナの法律、裁判および課税に服従しなければいけないとしたら、それによって苦しむ国民がいちばん多いのは日本である」（第一章）

挙げ句の果ては、教科書などで「日貨排斥」と記述されているボイコットがシナ中に吹き荒れました。

「初期のボイコット方式は、一、排斥《はいせき》される国の商品を買わないようにすることだった。しかし次第に活動範囲は広がって、二、その国に対してシナの商品を輸出しない、三、あるいはシナにいるその国の人間に対して有償・無償のサービスを拒絶する、といったふうに拡張された。そしてついに、四、最近のボイコットは『敵国』とのあいだのすべての経済関係を完全に遮断するようになった」（第七章）

このように、リットン報告書はボイコット問題に関しては、日本にたいへん同情的でした。シナのボイコットは、生命をおびやかされたり、家を壊されたり、私信を奪われたり、食糧の供給を邪魔されたり、といったふうに暴力的な要素がかなり入り込んだ、糾弾に近い行為だったので、「シナ側が法を適用しないことによって日本国が損害をこうむったことは、まさにシナ政府の責任問題に発展する」（第七章）と結論しているのです。

満洲に関する日本の権益についても、報告書は正確に記しています。

「満洲における日本の権益は、諸外国のそれとは性質も程度もまったく違う。一九〇四年から五年にかけて、奉天《ほうてん》や遼陽《りょうよう》といった満鉄沿線の地、あるいは鴨緑江《おうりょっこう》や遼東《りょうとう》半島など、満洲の曠野《こうや》で戦われたロシアとの大戦争の記憶は、すべての日本人の脳裡に深く刻み込まれている。日本人にとって対露戦争とは、ロシアの侵略の脅威に対する自衛戦争、生死を賭《か》けた戦いとして永久に記憶され、この一戦で十万人の将兵を失い、二十億円の国費を費やしたという事実は、日本人にこの犠牲をけっして無駄にしてはならないという決心をさせた。しかも満洲における

日本の権益の源泉は、日露戦争の十年前に発している」（第三章）
ずいぶん公平な記述ではありませんか。しかも、日本の軍隊については「一般的には日本兵の行状は善良である。個人的蛮行を訴える投書もあったが、略奪または虐殺の事例はない」（第六章）と、ほめています。

ところが残念ながら、リットン報告書は「満洲はシナの一部である」と結論しました。「従来、東三省（満洲）はつねにシナや列国がシナの一部と認めてきた地域で、同地方におけるシナ政府の法律上の権限に異議が唱えられたことはない」（第三章）「右の地域（満洲）は法律的に完全にシナの一部分である」（第九章）

ヨーロッパ人は、清朝という国家体制がヨーロッパですでに普遍的なものになっていた国民国家とはほど遠いことを理解せず、中華民国への移行が同じ国家内で起こったことだと考えました。つまりシナ史の本当の姿がわかっていなかったのです。残念ながら、いまの日本人も似たようなものです。モンゴル史や満洲史を専門とする私の使命は、このことを日本人に理解してもらうことだと考えています。

『キメラ――満洲国の肖像』には抜け落ちている観点

山室信一著『キメラ――満洲国の肖像』（中公新書）は、満洲国に関して日本でもっとも権威がある本だと思いますが、たくさんの問題点もあることはご存じの方も多いでしょう。一番の問題は、現代中国の言い分をそのまま引用していることです。長春にある偽満皇宮陳列館やハルビン市の東北烈士記念館、侵華日軍第七三一部隊罪証陳列館、撫順《ぶじゅん》市の平頂山殉難同胞遺骨館などを列挙した上で、「一般監獄や矯正輔導院における強制労働がほとんどの場合において死につながったこと、そして、その逮捕自体がまったく恣意《しい》的なものであったことに思いを致すとき、満洲国を傀儡《かいらい》国家というよりも、アウシュビッツ国家、収容所国家とでも概念づけたい慄然《りつぜん》たる衝動に駆られるのも自然な心の動きといえるであろう」（増補版、九頁）、とまで述べています。

私は今回、『二〇世紀満洲歴史事典』（吉川弘文館）の全項目を読んで、満洲国になる前から戦後までの漢人の動向を調べました。満洲で暮らしていた漢人が本当にひどい目に遭ったのは、じつは日本の敗戦後の国共内戦時、解放区における共産党の大衆運動だったということがわかりました。中国の史料によってさえ、そういうことが明らかなのです。

山室氏は「満洲国の指称については、それが元来そこに生活していた人々から承認されたものではなかった、つまり正当性を欠く国家であったこと、また、中国では満洲国があった地域は当時『東三省』『東北』と呼ばれており、満洲とは日本での呼称であった」（一六頁）、とも述べていますが、『東三省』の呼称は二〇世紀の日露戦争後に始まったのであって、満洲という地域名は、それより前から日本だけでなく世界的な呼称であったこと、また「そこに生活していた人々」にもさまざまな出自のさまざまな民族がいたこと等々が、山室氏の視点からは抜け落ちています。

書名のキメラは、頭が獅子、胴が羊、尾が龍というギリシア神話の怪物のことです。獅子は関東軍、羊は天皇制国家、龍は中国皇帝および近代中国を想定しているのだそうですが、そもそも、満洲国がたった一三年半しか続かなかったと非難するのは、歴史家ではなく法制史家だからではないかと思うのです。日清戦争から数えて五〇年、日本人が現地に進出した日露戦争からでも四〇年におよぶわけですし、日本敗戦後の国共内戦と、中華人民共和国への継承までを述べなくては、満洲国の歴史にはなりません。

近代史は語り方によってはいくらでも悪者を作り出すことができますが、私が別の本でこれまで書いてきたように、善悪は歴史の名に値しません。歴史は法廷ではないのです。

以前にも書いたことがありますが、同書のなかで非常に印象に残っているエピソードを一つ挙げて、どのようなことが問題かという実例としたいと思います。

チチハル憲兵隊の憲兵の日本人が黒龍江省を一九四四年の真冬に訪れたときの見聞として、「この付近には、もう着物も布団もない家がある。なかには丸裸で生活している子供もいる」との中国人老農の声を聞き、「北満でも屈指の穀倉地帯の一角、真冬に着る物もない生活をしているはずがないと訝《いぶか》った」が、「実際に丸裸の子供二人を見て愕然《がくぜん》とする」（二八八頁）という話が挙がっています。

「零下三〇度にも四〇度にもなる酷寒の地で、丸裸同然の生活を送ることが、いかなる意味で、（中略）安居楽業の境地にあることになるのであろうか」（二八九頁）と書かれていますが、後述するように、満洲の家屋でオンドルのない家はなかったのです。丸裸でも生活できるくらい、家のなかが暖かかったということが、どうしてわからなかったのでしょうか。

第二章　満洲とはどういうところか

現代中国がタブー視している満洲

いまの中華人民共和国では、「満洲」ということばはタブーになっています。清朝の支配階級だった満洲人の後裔《こうえい》たちはいまも一〇〇〇万人以上いるのですが、かれらは満洲人とは呼ばれず、満族と呼ばれます。歴史的なことでどうしても満洲ということばを使わなければならないときは、かならず「偽満洲」と、偽という字を上につけなければなりません。それは、日本がかつて傀儡《かいらい》の満洲国（建国の二年後には溥儀《ふぎ》が皇帝になりますから満洲帝国）をつくった歴史を、すべて悪いものと考えることにしようという、現代中国の固い決意なのです。

現代中国の言う「歴史」はすべて政治ですから、この本ではそんなことは気にせずに、かつてあったことを説明するために満洲ということばをおおっぴらに使います。私が別の本で詳しく書いたように（『世界史のなかの満洲帝国』PHP新書、『世界史のなかの満洲帝国と日本』ワック）、「満州」という漢字の使い方は史実ではなくて誤っていますから、あくまでも「満洲」と、さんずいをつけた洲の字を使いましょう。

さて、満洲（英語でManchuria マンチュリア）と呼ばれる土地がどのようなところなのかを最初に説明します。

遊牧民と狩猟民の住地であった満洲の地理

かつての満洲には、いま、北から黒龍江省、吉林《きつりん》省、遼寧《りょうねい》省の中国の東北三省がありますが、省は、一九一二年に中華民国という、はじめて中国という国家が誕生する前にもシナ内地に置かれていた行政区でした。省という地方行政区の起源は、モンゴル人がシナに建てた元朝時代に、中書省《ちゅうしょしょう》の出先機関という意味で地方に置いた行《こう》中書省を縮めた行省《こうしょう》にあります。

満洲に清の東三省が置かれたのは、日露戦争のあとの一九〇七年でした。あとで詳しく述べますが、それまでは満洲はシナ内地とは別の土地と考えられていたのです。

この東三省は、合計一二三万平方キロメートルあります。いまの日本の面積が約三八万平方キロメートルですから、およそ三倍です。その真ん中に、むかし満洲平野と呼んだ東北平原があります。南北に長くて、面積は三五万平方キロメートルです。ちょうど日本の面積くらいです。

北は黒龍江（ロシア語ではアムール河）がロシアとの国境になっていますが、黒龍江は、支流の烏蘇里（ウスリー）江が南から流れ込むところで、中ロ国境を離れて北上し、間宮海峡（韃靼《だったん》海峡）の北端の樺太《カラフト》（サハリン）の対岸で、オホーツク海に注ぎ込んでいます。ウスリー江から東側は、ロシアの沿海州です。

満洲平野を流れるもっとも大きな河は松花江で、北流して黒龍江に注ぎ込みます。その次に大きい遼河《りょうが》は、内モンゴルの草原から流れ出して、渤海に注ぎ込みます。北朝鮮との国境は、東は図們江《とめんこう》（朝鮮では豆満江《とまんこう》と呼びます）が日本海に注ぎ込み、西は鴨緑江が黄海に注ぎ込んでいます。

満洲北部は日本の北海道よりも緯度が高く、しかも内陸性気候で寒暖の差が大きいです。黒龍江や松花江は半年間も結氷し、鴨緑江や遼河でも冬季三カ月間は氷で閉ざされます。松花江沿岸にあるハルビンは、年平均気温が三・六度で、一番寒い一月の平均気温がマイナス二五度、一番暑い七月の平均気温は二五度です。夏はそこそこ暑くなりますが、冬は、日本の北海道のどの都市よりも寒いことがおわかりでしょう。

満洲北部に入植した日本人は冬の寒さに苦労しました。ロシアとの国境警備のために黒龍江に派遣された関東軍の日本人兵士は、まつげもおしっこも凍った、と書いています。

ところが、シベリアから南下してきたロシア人にとっては、アムール河沿岸は夢のようによいところだったというのです。穀物がとれ、家畜も多く、森林には貴重な毛皮獣が住み、河には魚類がまるで河岸に自分からよじ登ってくるほどたくさんいた、と書いてあります。出身地が異なると、同じ土地でもこんなに印象がちがうものかと感心するばかりです。

満洲平野とモンゴル草原を分けるのは降水量

かつての満洲国の西三分の一は、清朝時代には、外藩あるいは藩部と呼ばれたモンゴル草原でした。満洲平野とモンゴル草原を分けているのは大興安嶺《だいこうあんれい》山脈で、山脈の東のすそ野までがモンゴル草原つまりモンゴリアです。モンゴル草原と呼ばずにモンゴル高原と言うこともあるのは、標高が高くなることと、草原だけではなくて砂漠も山地も含むからです。

大興安嶺山脈は、南北八〇〇キロメートル、東西二〇〇〜三〇〇キロメートルあり、平均標高は、一〇〇〇〜一四〇〇メートルです。大興安嶺山脈を西に越えたところにあるモンゴル国の平均標高は一五八〇メートルです。

つまり、大興安嶺山脈の東斜面は、いちおう山らしく傾斜がありますが、山脈を越えると、その西方は、山脈の頂上とあまり変わらない標高の高原が広がっているのです。

満洲とモンゴルを分けるのは、年間降水量の差です。満洲平野の年間降水量は平均五〇〇〜

六〇〇ミリです。これに対して、モンゴル高原は、年間降水量が一〇〇～三〇〇ミリ程度しかありません。モンゴル国の首都ウランバートルの平均気温は、七月一七度、一月マイナス二六度で、年間降水量二三三ミリです。満洲平野もモンゴル高原も、降水量はほとんどが夏の季節風によるもので、満洲では、六、七、八月の三カ月間に年間降水量の六〇パーセントが降ります。モンゴルも年間降水量の大部分は夏に降り、冬は寒いですが雪はほとんど降りません。

降水量一〇〇～三〇〇ミリなど、日本なら台風が来れば一晩で降る量です。一年間でこれだけしか雨量のないモンゴル高原では、木々が生育しません。草もじつはまばらにしか生えません。だから、家畜が草を食べ尽くす前に移動する遊牧生活をすることになったのです。

一方、年間降水量が五〇〇ミリを超える満洲平野では、灌木《かんぼく》が育ち、粗放農業もできました。大きな樹ではなくて灌木でも、あちらこちらに茂っていれば、危ないので羊やヤギや馬を放牧することはできません。だから満洲平野では、狩猟民が歩いて毛皮獣を獲り、淡水産真珠や朝鮮人参やきくらげを採集する生活をしました。むかしから粗放農業もおこなわれてきました。だから満洲人は狩猟民で、モンゴル人は遊牧民と呼ばれるのです。

モンゴル帝国がのちの満洲を征服する

複雑な近現代史をひも解く前に、一三世紀にさかのぼって満洲の歴史を見ておきましょう。

モンゴル人の建てた元朝は、清朝にも、いまの中国にも大きく影響を与えているからです。いまの中国東北地方は、一三世紀にはモンゴル帝国の支配下にありました。かつて「満蒙」という言葉が使われていたように、満洲とモンゴルは歴史的に深いつながりがあります。

一二世紀後半、モンゴル部族から出たテムジン、のちのチンギス・ハーンは、はじめ金の同盟部族となって、ほかの遊牧部族を征服していきました。金はのちに満洲族と名前を変える女直《じょちょく》（女真《じょしん》）が建国した国です。そして、一二〇六年、ケンテイ山脈のオノン河の源にモンゴル高原の全遊牧部族の代表を招集し、この会議の席上で盟主に選挙されて、チンギス・ハーンという称号を採用しました。これがモンゴル帝国の建国です。

チンギス・ハーン率いるモンゴル軍は、東方で金《きん》を討ち、西方では中央アジアに遠征しました。チンギス・ハーン自身は、南の西夏《せいか》王国を攻撃している一二二七年に他界しましたが、息子たちや将軍たちはその遺志を受け継いで攻撃と拡大を続け、東は日本海沿岸から西はロシア草原までがモンゴル帝国の領土になりました。

遊牧民の財産は第一に家畜ですが、チンギス・ハーン一族のような遊牧帝国の支配層にとっては、領民も財産でした。チンギス・ハーンは生前に子供たちと弟たちに、それぞれ遊牧領地を分封しており、彼が死んだときにはチンギス・ハーン自身の軍隊も分配されました。四人の息子たちは、長男ジョチがいまのロシア方面、次男チャガタイが中央アジア、三男オゴデイがいまの新疆、末子トルイが故郷のモンゴル高原を所領として与えられ、東方の大興安嶺山脈方面は三人の弟たちの遊牧領地に割り当てられました。そういうわけで、二〇世紀の満洲国興安省には、チンギス・ハーンの弟の子孫が多くいました。

　しかし、チンギス・ハーンの死後、第三代ハーン選出のときに、すでにモンゴル帝国には分裂の兆しがありました。トルイの次男フビライが一二六〇年、第五代ハーンに即位したとき、ついにモンゴル帝国は四つに分かれました。そのうちもっとも東にあって、モンゴル本土と満洲、シナを支配した宗主国が、元朝です。

元朝はモンゴル帝国の一部にすぎなかった

　図1は、一三世紀のモンゴル帝国の最大版図です。現在、中華人民共和国は「偉大なる中華民族の復興」をスローガンに掲げ、このモンゴル帝国の版図、あるいはシナの王朝では最大といわれる一八世紀の清朝の版図の復活を目指しています。シナの歴史では、元朝は中国であり、その元朝はモンゴル帝国と同一だったということになるのです。また、中国はフビライが王朝の祖父であるチンギス・ハーンに太祖《たいそ》の廟号《びょうごう》を贈ったことを持ち出して、チンギス・ハーンを「元の太祖」と呼んでいます。

　しかし、これは中国人独特の歴史の勝手な解釈でしかありません。フビライが「大元」という漢式の国号を採用したのは、一二七一年です。第五代ハーンに即位したとき元朝はまだないし、もちろんチンギス・ハーンの時代にも元朝はありません。だいいちチンギス・ハーンは中国人ではありません。

どうしてそうなるのか、理解に苦しみますが、中国人のメンタリティの特徴として、過去に一度、領土になったところはすべて潜在的に中国であると考える点があります。二〇一四年のアジア太平洋経済協力首脳会議で中国が打ち出した経済圏構想「一帯一路」にしても、モンゴル帝国が支配した領土なら中国のものであるという発想が根底にあります。

そこは日本人とまったく違います。日本人は日本列島だけが日本だと固く信じていて、外地へ進出したのは誤りだったと考えています。それはそれで、日本人の歴史観の問題点でもあるのですが。

中国人のこうした思考回路は、日本人には理解しにくい部分です。

明朝はなぜ万里の長城を一五〇〇年間もかけてつくったのか

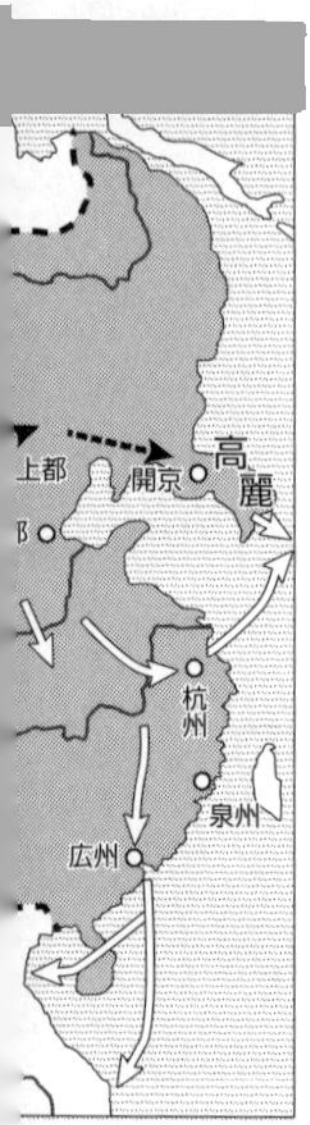

遊牧民は原則として均分相続をします。あんなに大きかったモンゴル帝国も、チンギス・ハーンの死後は四つに分裂し、それぞれの継承国家も相続争

[図1] 13世紀モンゴル帝国の最大版図

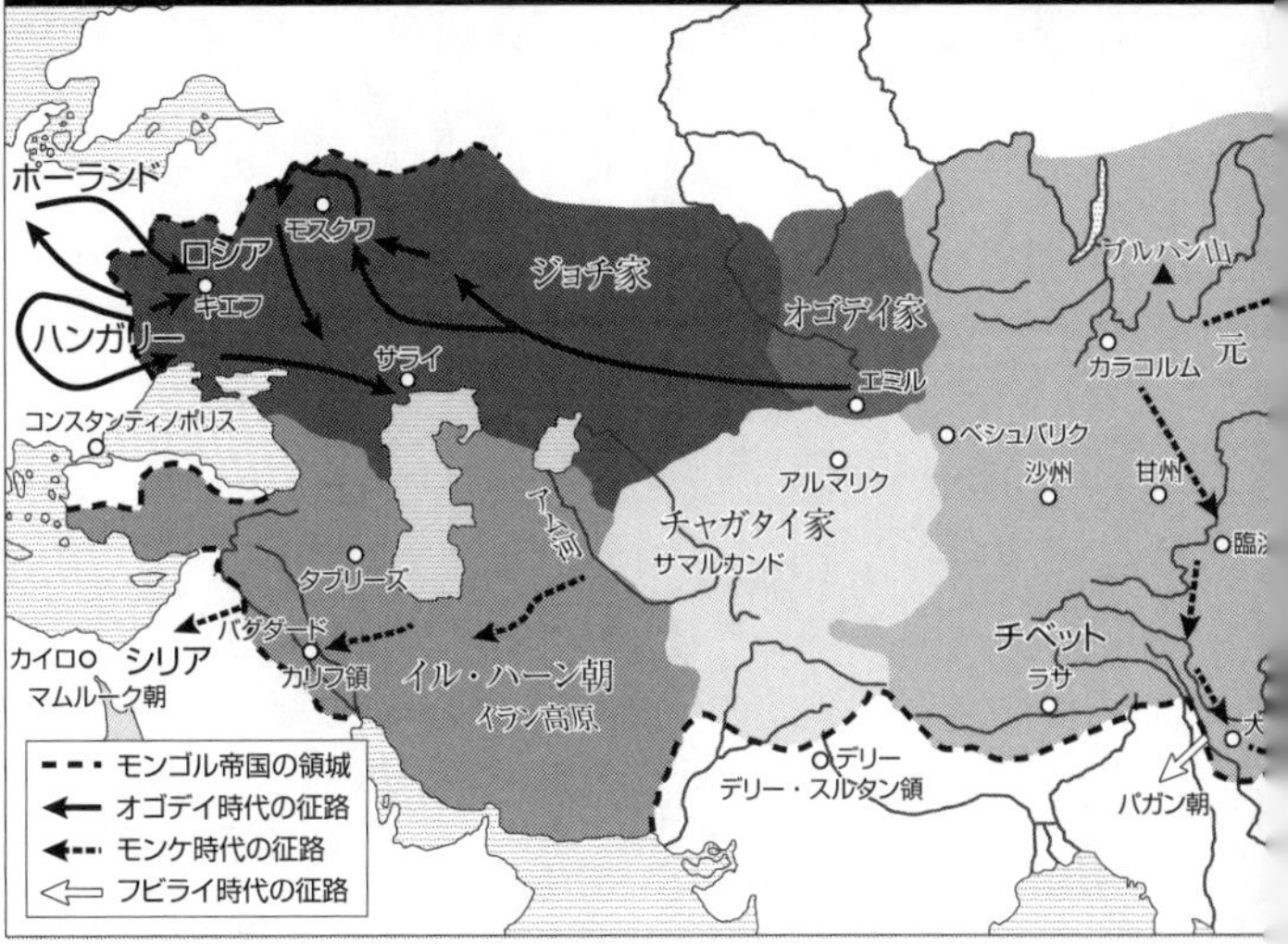

図：宮脇淳子『モンゴルの歴史 遊牧民の誕生からモンゴル国まで』（刀水書房、2002年）

いで弱体化していきました。

元朝も例外ではなく、継承争いのせいで騎馬兵たちを主とする元軍の戦力が低下したのに乗じて、宗教秘密結社の白蓮《びゃくれん》教徒が組織する紅巾《こうきん》の乱がシナ大陸の南方各地で勃発《ぼっぱつ》しました。

一三六八年、紅巾軍の親分の一人、朱元璋《しゅげんしょう》が南京で大明皇帝の位につき（太祖洪武帝《こうぶてい》）、大都に攻め入ると、当時の元朝皇帝、恵宗（明は順帝と諡《おくりな》しました）は都を捨て、万里の長城の北に退却します。

シナ史では、ここで元朝は滅びたことになりますが、元朝皇帝はいまの内モンゴルの草原に逃れ、その死後は高《こう》麗《らい》貴族の奇《き》皇后が産んだ皇太子、アーユシュリーダラが帝位を継いでいます。

つまり、モンゴル人から見れば植民地シナを失っただけで、実質は、シナ史で古くからあった南北朝になったのです。よって、北に戻ったこの王朝をモンゴル史家は「北元」と呼びます。

元朝の南半分しか支配できなかった明の洪武帝は、一三七二年、すべての領域を支配するために一五万の大軍を率いてモンゴル高原へ進軍しましたが、数万人の死者を出して退却しました。

その後、明は成祖永楽帝《せいそえいらくてい》のときにも、五回にわたってモンゴル草原に遠征しています。じつはこの永楽帝はもともと北京を本拠地にした人物です。一三九九年、甥《おい》の建文帝《けんぶんてい》に対して反乱を起こし、一四〇二年に南京を攻め落として、一四二一年に北京を正式に首都としました。

永楽帝は南だけでは元朝を継承したことにならないし、モンゴルもすべて継承したいと考え、北京に拠点を置いたのです。ここが北京と呼ばれることになったのはこのときで、南京が最初の首都だったから北の都と呼んだのだし、「ペキン」という発音も、ナンキンと同じく南方方言です。現代中国語の普通話（プートンホワ）では、北京は「ベイジン」ですが、「ペキン」のほうが古くから知られた呼び方なのです。

ちなみに、シナの歴史では、王朝の開祖はだいたい「太祖」であり、二番目に「太宗」という廟号《びょうごう》が贈られます。しかし、永楽帝は「太宗」であり「成祖」でもあります。これはどういうことかというと、永楽帝で一度、王朝が変質していて、ここからもう一度、新たに始まるという意味になるのです。たとえば元朝のフビライも「成祖」で、ここからモンゴル帝国とは少し変質した王朝が始まっているという意味になります。

図2には、永楽帝のモンゴル親征路が示されています。永楽帝は、ケルレン河の北方、いまのロシア国境近くまで行った形跡がありますが、モンゴルの騎馬民は不利と見るや散って逃げてしまい、遠征中、一度も敵に遭わなかったということもあったようです。結局、一度も戦果をあげることができず、五回目の遠征の帰途で病死してしまいます。

その後、明は拡張主義をやめ、永楽帝の死後は、一五世紀初めから約一五〇年間にわたり、万里の長城を修築し続け、内側にこもってしまいました。

図3にあるように、いま残っている万里の長城のほとんどは明代のものです。この万里の長城についても、日本人が中国に観光旅行に行くと、案内してくれる中国人ガイドはかならず「秦の始皇帝がつくった」といいますが、それは誤りです。確かに、秦の始皇帝の時代にも万里の長城はありましたが、その時代のものはいまよりずっと北の、モンゴル草原のなかに崩れかけて残っています。これは、秦の始皇帝のほうが明よりも領土が広く、はるかに力が強かったことを意味しています。

北京に行ったことがある方はわかると思いますが、八達嶺《はったつれい》にしろ司馬台《しばだい》にしろ、万里の長城はどちらの方向にも、北京市街から日帰りで遊びにいく距離にあります。万里の長城から北は漢人が住んでいなかった。つまり、モンゴル人の土地だったということです。明代は北京からあれほど近い場所がモンゴルだったのです。

［図2］明朝は元朝の南半分だけを継承した

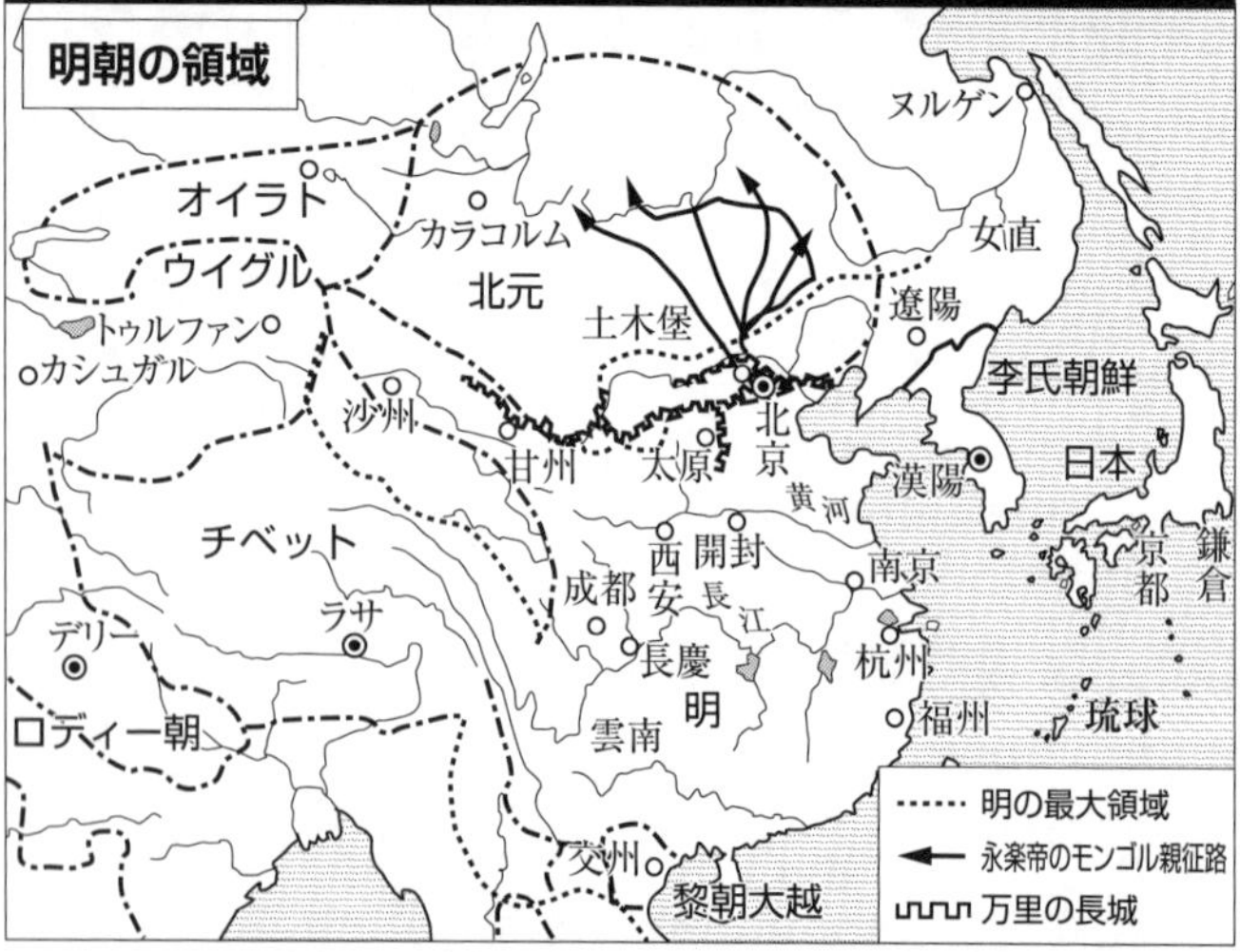

［図3］明代に今の万里の長城ができる

15 世紀初の永楽帝の時代に河北・山西北辺、15 世紀中頃に内長城、15 世紀後半にオルドス南縁、16 世紀中頃に東方一帯が今日の規模の長城になる。西方の長城は 15 世紀末から 16 世紀初、蘭州北方は 16 世紀末に築かれた。

明はモンゴルに負けに負けました。明の記録では、モンゴル高原の遊牧民を「蒙古《もうこ》（モンゴル）」と呼ばずに「韃靼《だったん》（タタル）」と呼び替えています。シナの正統史観では、明は元から天命を受け継いだ王朝でなくてはなりません。ですから、言葉の上だけ、彼らが元朝の後裔《こうえい》であることを否定したのです。

モンゴルと女直との交易で発展した瀋陽と遼陽

モンゴルにはまったく歯が立たなかった明も、満洲では戦果をあげました。元軍を撃退し、現地の狩猟民を手なずけることに成功します。ここに住んでいたのが女直《じょちょく》（女真《じょしん》）です。遼、金、元、明の史料で「女直」、宋と朝鮮の史料では「女真」と漢字が異なりますが、同じ民族です。モンゴル語で「ジュルチト」、女真語では「ジュシェン」と呼ばれました。

万里の長城の北側で、大興安嶺山脈を境に肩を並べる形で接するモンゴル人と女直人は、地形と気候の差によって、遊牧民と狩猟民という民族性の違いになりました。先に述べたように、大興安嶺山脈の西側のモンゴル高原は年間降水量が二〇〇ミリ程度しかなく、農耕には向かない土地です。古くから五畜と呼ばれるヒツジ、ヤギ、ウシ、ウマ、ラクダを放牧しながら移動式住居の天幕で暮らす遊牧民の住地でした。

これに対して、東の満洲平野（中国東北平原）は年間降水量が五〇〇～六〇〇ミリあり、森林とまではいかないまでも、灌木地帯ができる。すると、放牧は難しくなります。ですから、満洲の狩猟民は歩いて移動します。森に入って獣を捕り、朝鮮人参を掘り、木の実を拾ったり、淡水産の真珠を採って、それを交易に行って暮らしていました。この辺りでは昔から豚も飼っていました。

騎馬民族のモンゴル人と狩猟民族の女直人は、大興安嶺山脈の東側で接触し、古くから交流していました。お互いに必要なものを物々交換する交易の町として栄えたのが、瀋陽や遼陽です。のちに、これら遼東の主要都市を鉄道でつないだのが満鉄です。日本人は遼東というと、旅順や大連など遼東半島だけをイメージしてしまいますが、そうではなくて、遼河の東、つまり半島から北の内陸部にかけての地域を指しました。

遼河の西は遼西といって、ここはモンゴル人が住む地域でした。沼地が多くて農業には不向きな土地で、主として遊牧がおこなわれていました。

大興安嶺山脈の東の裾野《すその》に当たるところまでがモンゴル草原で、かつての満洲帝国興安省、いまは中国内モンゴル自治区になっています。この土地は清朝時代にはモンゴル人だけが住む場所でしたが、ちょうど日清、日露戦争の頃から漢人農民が入ってくるようになり、漢化が激しくなっていきました。

女直には明の衛所である「羈縻衛所」が置かれた

話を戻しましょう。満洲では明軍が元の残存部隊を蹴散らしました。元朝が滅んでしまったいまとなっては、女直人は、明の家来になれば、毎年、年金も称号ももらえるというので、喜んで明に従うことにしました。明は女直各地に招撫使《しょうぶし》を送り、朝貢にやってきた女直人の首長たちに、都督《ととく》、都指揮《としき》、指揮《しき》、千戸《せんこ》、百戸《ひゃっこ》、鎮撫《ちんぶ》などの称号を与え、それぞれの部族を衛《えい》や所《しょ》としました。「衛所」は明の軍隊の制度ですが、モンゴル時代の千戸隊《せんこたい》や百戸隊《ひゃっこたい》をそのまま継承しています。明の軍制では、所は千戸隊で、五所が一衛になります。明の衛所には二通りあって、辺牆《へんしょう》の内側の遼東は明の内地扱いで、瀋陽や遼陽に置いた衛所は、五軍都督府に所属する明の直属となり、女直各地に置いた衛所を「羈縻《きび》衛所」といいました。

「羈縻」とは馬や牛をつなぐ口綱のことで、夷狄《いてき》を飼いならすという意味です。一三世紀のモンゴル人によるロシア支配を「タタールのくびき」といいますが、シナにはこうした異民族の懐柔法が唐代からあり、鮮卑《せんぴ》の建てた唐《とう》王朝などはこれがとても上手でした。武力で制圧するより、金銭を与えて飼いならしたほうが安上がりで、安全保障上、効果的であるという考えです。

そうして来朝した女直人は、持って来た朝貢品のお礼の回賜《かいし》とともに、都督ならば絹何匹に銀をいくらと記された判子《はんこ》のある証書をもとに、撫賞《ぶしょう》という年金に相当する品をもらいます。記録を調べると、一〇〇年以上も来朝している人がいます。なぜそのようなことになるのかといえば、おそらく首長が死んだ後も、息子や孫といった継承者が引き継ぎの手続きをせずに、そのまま先代や先々代の首長が明からもらった証書を使っていたのでしょう。役所のほうも面倒なので、見て見ぬふりをして回賜と年金を与える。けっこういい加減なものですが、こうして明は平和を買いました。

少々脱線しますが、じつはこのとき女直人が明から回賜や撫賞として贈られたとても豪華な金糸・銀糸の入った綾織《あやおり》の絹織物が、北の樺太《からふと》を通ってアイヌを経由し、日本にも入ってきています。江戸時代、武士が錦織《にしきおり》のしゃれた小物を持っていたのは、これらの明朝やのちには清朝から回賜された絹地が小さく裁断され、貿易品として流通したからでした。この貿易を山《さん》丹《たん》交易といいます。意外なようですが、日本の庶民の身近なところでも大陸とつながりがあるのです。

六〇万人もの高麗人がモンゴルに拉致された

もうひとつ、満洲の高麗人についても触れておきましょう。明代の満洲には、鴨緑江の北の遼東、遼西から、いまの吉林省延辺《えんぺん》朝鮮族自治州にかけて、広く高麗人が分布していました。

彼らの多くは、まだ元朝ができる前のモンゴル時代に半島から拉致された人々でした。

モンゴル人は、一二〇六年にモンゴル帝国が建国されたあと、一二三一年から五九年までのおよそ三〇年間に六回も高麗に侵入しました。一二七四年（文永の役）と一二八一年（弘安の役）の二回、日本に蒙古襲来する前です。高麗全土を蹂躙《じゅうりん》したモンゴル軍は、掠奪品《りゃくだつひん》が少ないので人間を拉致して鴨緑江の北に帰りました。およそ六〇万人が拉致されたといわれています。モンゴル人は遊牧民ですから自分たちでは農耕をしませんが、穀物は食べたいので、高麗人を農奴にして、彼らに農業をさせ、穀物税をとりました。

かれらは、ハングルが創られる一五世紀よりも前に連れてこられた人たちで、文字は漢字を使いました。それで、のちの一七世紀初めにこの地で清朝が建国されたとき、かれらは漢人と呼ばれて、漢軍八旗になります。

女直人社会は主人と奴隷の二種類からなっていました。主人は狩猟と交易と戦争を担当し、奴隷は畑を耕し、豚の世話をしました。主人が女直人で奴隷が高麗人という場合も多く、奴隷といっても同じ屋敷に住み、同じ釜の飯を食べました。

女直人はモンゴル人と違って狩猟民ですが、遊牧民と同じく農業は嫌いです。「同じところに縛られて、虫のようで嫌だ」といいます。モンゴル人も同様に「虫みたい」と農耕民を差別します。要するに、自分たちは馬に乗って高いところにいて、地面に這《は》いつくばる人々を見下していますから、農業はしたくないのです。けれども、穀物がないと生活ができません。どうするかといえば、人間を拉致して農業をさせるのです。

モンゴル草原は北に行くほうが農業ができます。南はゴビ砂漠で乾燥していてまったくできませんが、ウランバートルの西南三五〇キロにある、昔のモンゴル帝国の中心カラコルムがあったオルホン河流域は、水が豊富で農業ができます。もっと北のほうでも、シベリアからの雨が降りますから、農場は北に集中しています。

司馬遷《しばせん》著『史記』の時代でも、漢人の農民を連れていって入植させたのが、いまのモンゴル国に隣接した西北にある南ロシアのトゥヴァ共和国などでした。もちろん冬は寒くて農業などできませんが、夏は暑く穀物も栽培できます。

毛皮貿易で富を蓄えた女直人

永楽帝の最盛期は、はるか黒龍江下流の住民までが来朝するほど、支配を広げていましたが、永楽帝の死後は直接の支配地を縮小し、一四三五年以後になると、遼河下流域にまで後退しました。これ以後、満洲における明の国防最前線は、遼東の最も北にある開原と、モンゴル高原の入り口にあたる瀋陽になりました。

西方で万里の長城を修築した明は、遼西と遼東を囲むように、山海関に始まる辺牆《へんしょう》を築きました（図4）。辺牆は万里の長城のような石やレンガ造りではなく、木の柵でつくった土塁

［図４］明代の辺牆と女直（女真）分布図

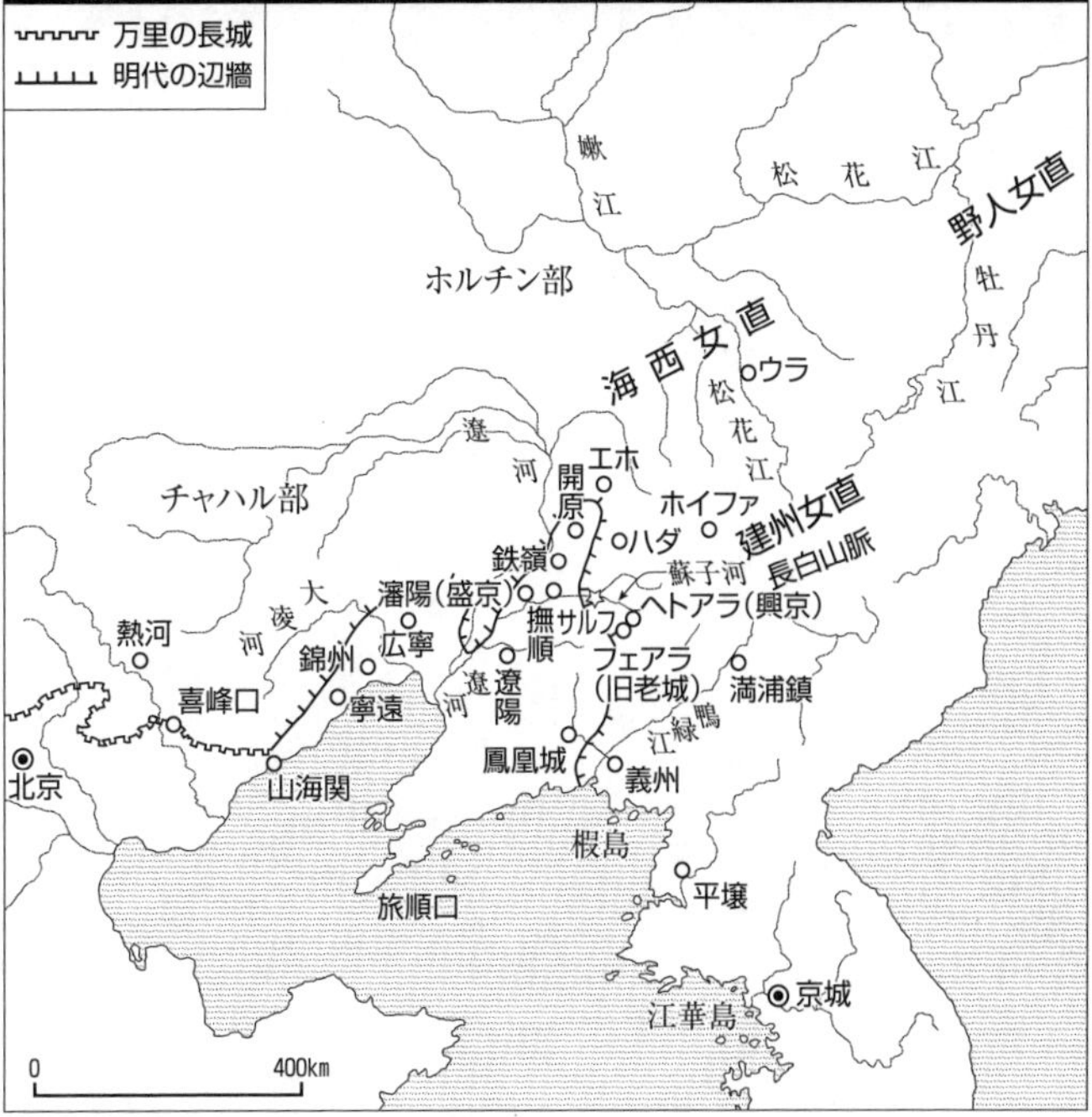

清朝興起時代の形勢

出典：『民族の世界史３　東北アジアの民族と歴史』三上次男・神田信夫編、山川出版社、1989 年、254 頁

のようなものです。これより内側が明ということで、元代に入植した高麗人は漢人とみなされるようになります。

辺牆は明と異民族との境界線としてつくられましたが、後に女直との交易の場として重要な場所になっていきます。

女直が朝貢をはじめてから半世紀ほどの間は、主たる交易品は馬でしたが、一五世紀後半から主力商品は毛皮になります。狩猟民である女直人は森で罠を仕掛け、毛皮獣のミンクを捕りました。

そのころ、毛皮は国際的にも人気が急騰していて、非常に儲かる商品になっていました。一六世紀に、ウラル山脈を越えてシベリアにコサックが進出してくるのは、毛皮獣が欲しかったからにほかなりません。

ルネサンス時代の宮廷画家の絵を思い出してみてください。多くの絵の中の貴族の襟元やガウンの裾に、ミンクが描かれています。一六世紀の農民を描いたブリューゲルはともかく、イギリスの宮廷画家だったハンス・ホルバインが描いたような上流階級の人たちはミンクを着ています。

毛皮獣は当初、フィンランドやスウェーデンで捕獲されましたが、それを捕り尽くしてしまったので、ウラル山脈を越え、さらにシベリアの東方にまで出てきたのです。とくにミンクの毛皮は非常に高く売れたので、シベリアを東進して黒龍江に至りました。

同じころ、明の宮廷でも毛皮がはやり、こちらでもよく売れました。高級な毛皮を黒龍江流域から明へと運ぶ交易ルートが確立されていき、ここを押さえた女直人たちが、徐々に力をつけていきます。

商売は明に近いところがいちばん儲かります。遠い場所では輸送の途中で何人もが介入し、関税やマージンを取られてしまいます。最終的に辺牆の近くにいた女直が、明との貿易でもっとも富を蓄えていきました。

明はこの辺牆の内側に町を持っています。ここが黒龍江から持ってきた毛皮を売りさばくマーケットになりました。一六世紀半ばになると、高級毛皮のトレンドはミンクからクロテンに替わります。上等のクロテンは黒龍江流域やシベリアでしか捕れません。毛皮貿易に携わる女直たちはさらに潤い、そして、富を蓄えた女直人の中から、後の清朝の祖となるヌルハチとホンタイジが出たのです。

第三章　満洲人が清朝を建て、シナ全土を支配する

清の太祖ヌルハチによる後金国の建国

のちに清の太祖と諡《おくりな》されるヌルハチは、一五五九年、渾河《こんが》上流の蘇子河《そしが》中流域に居住する建州左衛《けんしゅうさえい》の一部族長の家に生まれました。明は女直を建州、海西《かいせい》、野人《やじん》の三つに分類していましたが、その建州女直に置いた三衛のひとつが左衛です。

ヌルハチが二五歳のとき、祖父と父は女直と明の抗争に巻き込まれ、明軍に殺されました。このときわずか一〇〇名ほどの兵で自立したヌルハチは、明の遼東総兵李成梁《りせいりょう》の庇護《ひご》を受けて勢力を伸ばし、五年で建州三衛を統一しました。これがのちに「マンジュ・グルン」と呼ばれるもので、満洲という言葉の起源になります。マンジュを漢字に写したのが「満洲」で、グ

ルンは「国」です。つまり、「満洲」は民族を指す言葉でした。

俗説として、満洲の語源は文殊菩薩《もんじゅぼさつ》のマンジュシュリからきているという説がありますが、これは誤りです。マンジュという言葉自体は一四世紀頃からあり、ヌルハチは仏教徒になるまえから自分たちのことを「マンジュ・グルン」と呼んでいるので、関係はありません。

しかしながら、この話が広まったのには、満洲人も深く関係しています。チベットのダライ・ラマ政権が、自分たちの有力な施主《せしゅ》つまり檀家《だんか》になった清朝皇帝に「マンジュと言うからには、皇帝は文殊菩薩の化身《けしん》に違いない」とお上手を言ったのを、第六代皇帝の乾隆帝《けんりゅうてい》は、自分の家来になった仏教徒であるチベット人、モンゴル人を統治するのに活用したのです。

話を戻して、このマンジュ国は、明から見ればまだ羈縻《きび》衛所のひとつでしかなく、ヌルハチも明に対して恭順な態度をとったので、一五八九年には都督僉事《ととくせんじ》に任ぜられ、一五九五年には龍虎《りゅうこ》将軍という称号を授かっています。

その後、ヌルハチは女直の諸部を統一していきます。最初は四部族の連合体でしたが、海西女直など部族連合を統合していくうちに、最終的に八部族になりました。この八部族がのちの清朝八旗になっていきます。他部族を統合するには、娘がよく使われました。モンゴル帝国と同じですが、部族間同士で娘を交換し、婚姻関係を結んでいくことで、統合していったのです。

そして一六一六年、ヌルハチはヘトアラで改めて即位し、後金《こうきん》国を建てました。金は一一二三四年にモンゴルに滅ぼされた女直人の王朝です。ヌルハチは自分を金王朝の後継であると考えたわけです。

一六一八年、ヌルハチはついに明と国交断絶し、撫順《ぶじゅん》を攻撃しました。翌一六一九年のサルフの戦いは天下分け目の合戦といわれ、まだ清は存在しませんが、事実上、明対清の戦いです。ここで後金軍は圧勝し、明の戦死者は四万六〇〇〇人、馬匹《ばひつ》の損失は二万八〇〇〇頭にのぼったと、記録に残っています。

この戦いで、明は朝鮮に援軍を要請しています。李氏朝鮮は豊臣秀吉の朝鮮出兵の際に助けてもらったお返しに、兵を送ります。ところが、後金軍のあまりの強さに勝ち目がないと見るや、朝鮮の将軍は明を裏切り、すぐに後金軍についてしまいました。満洲文字で書かれた『満《まん》文老檔《ぶんろうとう》』という史料には、このとき朝鮮軍が鉄の鎧《よろい》でなく、段ボールのようなものでつくった「紙の鎧を着ていた」というような細かい記録が残っています。朝鮮軍は自分たちを率いていた明の将軍を殺して後金軍に差し出したのです。

ヌルハチと兄弟たちは、戦争がとても上手でした。これに対して、明は軍の連携が悪く、朝鮮の裏切りもあって惨敗します。それでもまだ明はありましたが、この勝利を境に、後金がとても強くなっていきます。

一六二一年、ヌルハチは明の辺牆を越えて瀋陽と遼陽を攻略し、またたくうちに遼東半島の先端まで、遼河以東を占領しました。遼東平野に進出したヌルハチは、漢人の所有地を取り上げて女直人に与え、服従した漢人には、女直の風習だった辮髪《べんぱつ》を強制します。辮髪は、頭のてっぺんを剃り、残った髪を後ろで三つ編みにする独特の髪形で、敵味方を瞬時に見分けるためのものでした。

ヌルハチは遼陽に都を移し、その東北方に東京《とうけい》城を築きましたが、一六二五年には瀋陽に遷都しました。これよりあと、瀋陽は「ムクデン・ホトン（盛京）」と呼ばれて国都になります。

なぜ八男のホンタイジが跡を継いだのか

一六二六年にヌルハチが病死すると、八男のホンタイジが跡を継ぎます。なぜ八男が跡継ぎになることができたのか、これまでよくわかっていませんでしたが、近年、新たな史料が発見され、その裏には兄弟間の激しい争いがあったことがわかってきました。

シナの正史というのは、通常、都合の悪いことは書きません。ましてや太祖、太宗のような王朝の祖ともなれば、天命が下された立派で非のない人物として、よいことだけが記されます。

ところが、ヌルハチとホンタイジの時代は、満洲文字が生まれた時期でした。詳しくは後述しますが、満洲文字はモンゴル文字のアルファベットを借りてできましたので、日本語と同じ語順で、「てにをは」のような後置詞もあり、話した通りに書き留めることができます。さらにこのころは漢字も使われていて、清朝では満洲語、モンゴル語、漢語の三つの文字が併用されていました（詳細は71頁参照）。清朝末期の革命のどさくさで、書き損じたものや消去しなければならない記録が、清朝が滅びるときにまだ残っていたのです。

清朝には正史がまだありません。中華民国が『清史稿《しんしこう》』を出しましたが、『清史』はできていません。しかし、整理される前の、宮廷の役人たちが満洲文字や漢字で記録した大量の史料が残されています。そのうちのひとつが、主人の岡田英弘が仲間と一緒に日本語訳注をし、二十六歳で日本学士院賞を受賞した『満文老檔《まんぶんろうとう》』です。

『満文老檔』という名前をつけたのは内藤湖南《こなん》で、「満洲文で書いた古い檔案《とうあん》（公文書）」という意味です。日露戦争が終局を迎えた一九〇五年、当時大阪朝日新聞の論説記者だった内藤虎次郎（湖南）は、外務省嘱託の身分で満洲に渡り、奉天の宮殿でこれを発見しました。のちに京都大学教授になったあと、自分で写真撮影の技術を学び、のちに京大総長になる助手の羽田亨《とおる》といっしょにふたたび奉天に赴き、苦労して乾板四三〇〇枚に焼いて京都に持ち帰ったのです。日本人は掠奪《りゃくだつ》したり、勝手に持ち帰ったりしていません。

戦後、共産党との権力争いに敗れた蔣介石《しょうかいせき》は、三回に分けて故宮の文物を軍艦に乗せて台湾に運びました。これが台湾の故宮博物院に所蔵されているのですが、台湾には『満文老檔』の原史料である『旧満洲檔』も運ばれていたことを、主人と神田信夫、松村潤先生たちが見つけました。『旧満洲檔』は、『満文老檔』の元になった原稿で、書くことがはばかられた部分の満洲文が斜線で消されていましたが残っていたのです。幸い判読できて、その中に、なぜ八男のホンタイジが父の跡を継いだのかがわかる事件が書かれていました。主人の有名な論文「清の太祖嗣立《しりつ》の事情」（『モンゴル帝国から大清帝国へ』藤原書店に収録）に詳しく論じられています。

ヌルハチには一六人の息子がいましたが、四人の正妃から生まれた八人が継承権については平等でした。正妃は亡くなったあとに次の妃を正妃とするので、同時に二人の正妃がいることはありません。そもそも、ホンタイジを産んだ妃は、正妃だったかどうかすら怪しいのです。ホンタイジが次の君主となったために、あとから正妃と追尊されたのでしょう。

ホンタイジの上には正妃から生まれた兄たちが何人もいましたが、財産の分配や母親の不行跡などで父の信頼を失って、継承者候補から外れていきます。最後の大事件が、ホンタイジの有力な兄ダイシャンの失脚でした。

ダイシャンが、先妻から生まれた次子を、庶母と姦通《かんつう》したという罪で父のヌルハチに訴えました。ところが、ヌルハチが調査させたら、じつはこれが全くの無実で、ダイシャンのいまの妻が継子を失脚させようと画策したことが明らかになったのです。ヌルハチはダイシャンを叱《しっ》責《せき》します。「お前が妻の陰謀で自分の子どもを殺すようならば、弟たちも生かしておかないだろう。妻にそそのかされて子どもたちや弟たちを殺すようなお前を、どうして国主にできようか」

すべてを失ったダイシャンは、ついに自ら妻を殺し、ヌルハチにわびを入れました。こうしてダイシャンは跡継ぎの資格を失い、このあとヌルハチは息子たちから八人の王を任命し、後継者は八王の互選によること、国事は合議制にすることを決めたのです。

さきほど清にはまだ正史がないと言いました。中華民国のつくった『清史稿』は刊行もされましたが、残念ながら、あまり出来がよくありません。というのも、清朝は建国されたときから、満洲語、モンゴル語、漢語の三カ国語が公用語であり、そのあと版図が広がると、チベット語とトルコ語も加わって五種類の言語が使われます。漢語だけで歴史を書いても全体を網羅したことにはならないし、とても中途半端な形なのです。

そこで中華人民共和国は、江沢民《こうたくみん》の時代に清朝史プロジェクトを立ち上げ、自分たちこそ清の正統な後継者だということを証明しようと『清史』の作成を始めることにしました。江沢民は莫大な予算をつけて学者を動員しましたが、こちらも成功していません。古い時代であればシナの正統論をつかって書きたい放題でしょうけれども、辛亥《しんがい》革命からあとは世界中に史料が残っています。自分たちにだけ都合のいい歴史では世界史との整合性がとれず、なかなか中国が思うような都合のよい正史がつくれないため、プロジェクトは進んでいないのです。

万里の長城の北でまずモンゴル人を支配下に

サルフの戦いで明に勝利した後金国《こうきん》は、その後、まずモンゴルを配下にしようと考えました。明と後金はずっと戦争状態でしたが、明は万里の長城の南で領土も広い。その点、モンゴルは同じ万里の長城の北にいたので、与《くみ》しやすかったのです。

モンゴル草原はゴビ砂漠の南と北に分かれます。南には、元朝のフビライ家の直系の子孫が率いるチャハル部族、チンギス・ハーンの廟《びょう》を守るオルドス部族、フヘホトを中心としたトゥメト部族など、有力な大部族が各地で自立していました。いまのモンゴル国の住民のハルハ部族も、もともとハルハ河のあるホロンブイル草原から西に広がった人たちで、ゴビ砂漠の南のモンゴル人とは同族です。これに対して、ハルハ部族の西にいたオイラト部族は、もともとフビライ家に反抗した部族の子孫なので、長い間モンゴル諸部族とは仲が悪かったのです。

チャハル部族長のリンダン・ハーンは後金国のホンタイジのライバルでした。かつては家来だった新興勢力の女直に対抗し、強引にモンゴル部族をまとめようとしました。しかし、失敗に終わりました。

理由はこういうことです。ヌルハチもホンタイジも、上手な政治をして同族の女直人たちをうまくまとめていきました。ところが、モンゴル人というのは部族ごとにライバル心が強く、「俺が、俺が」の人たちなので、よその部族の言うことを聞きたくない。リンダン・ハーンがいかに直系の君主といえども、親戚関係にある部族すら、少しも言うことを聞いてくれない。それがモンゴル帝国が崩壊した、いちばんの理由です。

リンダン・ハーンの強権を嫌うモンゴル諸部族の中で、チンギス・ハーンの弟の子孫のホルチン・モンゴルが、いちはやくヌルハチと同盟し、婚姻関係を築きました。ホルチン・モンゴルは大興安嶺山脈の東にいたので、のちには満洲帝国の中にもたくさん住むことになりました。ホルチン・モンゴルはいまも内モンゴルの一番東に住んでいますが、漢人入植の最前線にあって漢化が激しくなっています。

一六二八年、ホンタイジ率いる後金軍は、内ハルハ部を支配して熱河《ねっか》に進出します。リンダン・ハーンは大軍を率いて西方に移動し、トゥメト部を滅ぼしてフヘホトを占領し、オルドス部を服従させましたが、一六三四年、チベット遠征への途上、シラタラの草原で天然痘で死んでしまいました。

夏の都、熱河と北京を行き来した清朝皇族

リンダン・ハーンに限らず、万里の長城の北側を拠点とするモンゴル人は、シナの地に入るとよく天然痘にかかります。草原は涼しくて人も少なく、病原菌は少ない。けれども、南のほうに移動して少しでも暑かったり湿度の高い場所へ行くと、病原菌への耐性がないので病気にかかりやすく、死ぬこともよくあります。

チベットのダライ・ラマ政権の関係者も、北京まで出てきて天然痘にかかった人がいました。チベットは標高が高くて涼しいので、病原菌が少なく人も少ない。だから、人の多い場所に入ると、病気をとても恐れます。

承徳の夏の離宮にあるチベットのポタラ宮を模した寺廟

フビライの兄、モンケも南宋攻略の途上、四川省で疫痢《えきり》にかかって死にました。四川省は夏、とても暑く、場所によっては気温が四〇度近くにもなります。モンゴル軍の中で疫病が発生し、涼しいところに避暑に行くようにという部下の言葉を聞かずにとどまっているうちに、モンケは死んでしまいました。

なぜこんな話をしているのかというと、清朝は一九一二年まで王朝一代を通じて、モンゴル人もチベット人もウイグル人もロシア人もイギリス人も、北京には入れていません。万里の長城の北側の熱河という場所で謁見しています。満洲国時代には承徳《しょうとく》と呼ばれた有名な場所ですが、ここに避暑山荘を建てて、自分たちも夏の間はそちらに住みました。夏の暑いときには、北京には絶対住まないのです。

ヴォルガ河からの使節などよそから来る人た

ちは、北京に入ると人が多く、食べ物や水の安全も問題なので、万里の長城の北で会うと決めている。それほど清朝は、われわれが考えている中国とは非常に違うということです。フビライの時代からすでに違うのです。

元朝には実質、都が二つありました。明代に北京と呼ばれるようになる大都《だいと》に住んだのは冬の三カ月だけで、ここは避寒都市として使い、夏の三カ月は、上都《じょうと》と呼ばれる、草原の中に森や湖を囲ってさまざまな動物を放したサファリパークのようなところに住み、残りは草原にテントを張って暮らしていました。

さすがに清朝は遊牧民ではないのでテント生活はしませんが、熱河の避暑山荘は熱河離宮と呼ばれ、かなり北のもともとモンゴル人のものだった山の中にありました。清朝皇族たちは、夏は熱河に住み、北京と行ったり来たりしていたのです。

明朝が滅亡したあとに万里の長城の南に進出

さて、リンダン・ハーンが死ぬと、遺児エジェイは母とともに後金に降《くだ》って、ホンタイジに「制誥之寶《せいこうしほう》」と刻んだ元朝の玉璽《ぎょくじ》を差し出しました。ホンタイジはエジェイを自分の娘と結婚させて、清朝の統治下に入ったモンゴル諸部族の名目上の盟主とし、「これでチンギス・ハーンの天命を引き継いだ」と解釈し、ジュシェンという種族名を禁止して、マンジュと呼ぶことに統一しました。満洲語のジュシェンには属民という意味があったからです。

　そして一六三六年、ホンタイジは瀋陽に狩猟民のマンジュ人、ゴビ砂漠の南のモンゴル人、遼河デルタで農業をしていた元高麗人の漢人を集めて大会議を招集し、新しい国号を大清《だいしん》と定め、大清国皇帝に推戴《すいたい》されました。このような建国時の事情により、清の公用語は、満洲語、モンゴル語、漢語の三言語が併用されることになり、皇帝たちの実録や各種の公文書は原則としてこの三言語で書かれることになったのです。

　清の建国後、明はどうなったでしょうか。度重なる戦乱で疲弊した明では、各地で反乱が勃発していました。失業者や飢民が生きていくため集団を組んで流賊となり、その一人、李自成《りじせい》が北京へ攻め入ると、明の最後の皇帝、崇禎《すうてい》帝は紫禁《しきんじょう》城裏手の万歳《ばんざい》山で自ら頸《くび》をくくって死にました。

　そのとき山海関で満洲人に対する防衛にあたっていた明の将軍呉三桂《ごさんけい》は、救援に駆けつける途中で北京陥落の一報を聞き、「流賊に比べたら清のほうがましだ」と判断して、それまで対峙《たいじ》していた満洲人に援助を求め、万里の長城が渤海湾で終わるところにある関所、山海関《さんかいかん》を開いて清軍を迎えました。

　一六四四年、まずホンタイジの弟ドルゴンが軍を率いて北京に入ったあと、瀋陽からホンタイジの息子の若い皇帝を迎え入れ、順治《じゅんち》帝が紫禁城の玉座につきました。万里の長城の北の満洲人たちも大挙して北京に移住しました。山海関を越えたので、これを清の「入関《にゅうかん》」と言います。こうして清の建国から八年で明が滅び、清のシナ支配が始まったのです。

清朝は万里の長城の北でできた王朝です。日本の東洋史学者の中に、「後の満洲国は清朝の継承国家で、南の中華民国とは別の南北朝になった」という考えがあったのは、清朝最後の皇帝溥儀《ふぎ》を執政に迎えたというだけでなく、同じ万里の長城の北につくられた国だということからきています。

清朝を支配した満洲人はすべて「満洲八旗」に属し「旗人」と呼ばれた

清朝では、支配層の満洲人は、全員が八旗《はっき》のどれかに属しているので、満洲人は旗人《きじん》とも呼ばれます。

八旗は清朝の軍事行政制度で、後金国を建てたヌルハチの軍制がもとになっています。ヌルハチは女直人を統合する過程で、三〇〇人を一ニル、五ニルを一ジャラン、五ジャランを一グサとしました。つまり、一グサは七五〇〇人の兵士からなります。グサは、明が女直人を懐柔するために与えた衛《えい》とおおむね対応しています。ヌルハチが建州女直を統一したとき、グサは四つでしたが、しだいに併合した部族が増えて八つになりました。彼らはその八つの部隊を、黄色、白色、紅色、藍色の四色にして、縁取りのないものを正、あるものを鑲《じょう》と呼んで、色分けしました。たとえば黄色に縁取りがないものは正黄旗、縁取りのある黄色は鑲黄旗です。

清朝最後の皇帝、愛新覚羅溥儀《あいしんかくらふぎ》の生涯を描いた歴史映画『ラストエンペラー』には、朝廷の広場に旗人たちがずらっと並ぶ壮観なシーンが描かれています。きれいに四色に色分けされ、誰がどの部隊に属しているか、ひと目でわかるようになっていました。

後金国あらため清朝の第二代皇帝ホンタイジは、モンゴルの領主から離れて来帰したモンゴル人を「蒙古八旗」、高麗系漢人を「漢軍八旗」に編成し、本来のものを「満洲八旗」と呼びました。八旗に所属するモンゴル人や漢人は、満洲人と同じく「旗人」と呼ばれ、清朝一代の間、行政上は満洲人として扱われました。朝鮮人やロシア人のなかにも旗人になった人々がいましたが、数が少なくどこかの部隊に組み込まれ、独立した八旗にはなりませんでした。

北京に遷都した清は、住んでいた漢人を外城に追い出し、紫禁城を取り巻く内城に満洲人を住まわせました。これを「禁旅八旗《きんりょ》」といいます（図5）。日本の江戸幕府でいうなら「旗本」のようなもので、首都防衛の任務にあたりました。その他の満洲人は、南京、西安、成都、杭州、福州、荊州《けいしゅう》、広州、寧夏《ねいか》、密雲《みつうん》、青州、綏遠城《すいえんじょう》など、シナ各省の要地に満城をつくり、家族とともに配置しました。これを「駐防八旗《ちゅうぼう》」といいます。

胡同《フートン》と呼ばれる北京の古い市街地は、もとは「八旗」が住む官舎でした。清朝時代の北京の内城は、紫禁城・皇城で東西に分かれ、東西の市街はそれぞれ四つずつの区画に仕切られて、それぞれの八旗の兵営でした。

もともと家族と一緒に住む官舎だったので、区画がまったく同じです。造りは外側に塀があ

[図5] 清代の北京内城

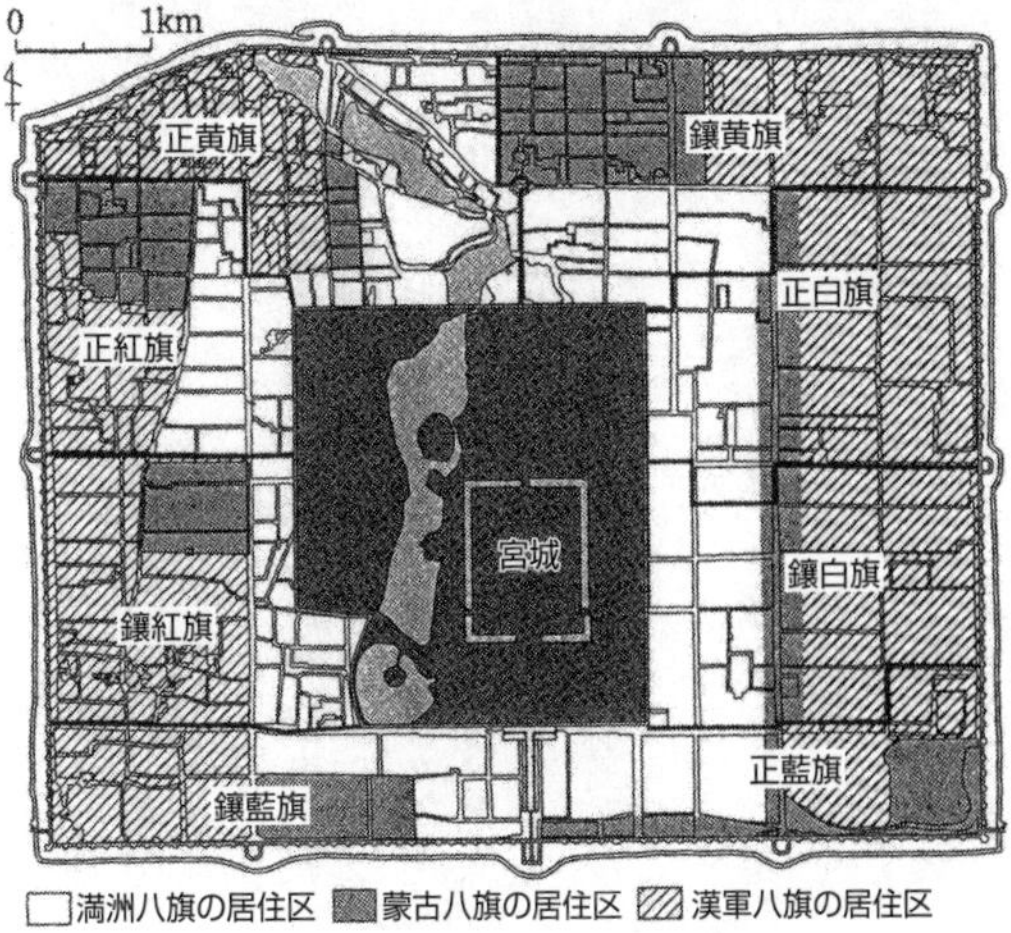

出典：Mark Elliott, *The Manchu Way*, Stanford University Press, 2001, p.103 を日本語訳

り、入り口は一つだけです。中に庭があって、そこからしか部屋に入れません。

「胡同」の語源は、モンゴル語の「グドゥム」からきています。フビライが建てた大都時代の「巷」「街路」を指す言葉で、その伝統がまだ残っていたところに、清朝の満洲人が元朝時代の大都を復活させたものでした。

現在、胡同は再開発が続き、一部の景観のいい場所だけがホテルやレストランとして保存されています。毛沢東時代、貧しい人たちの住居として強制的に安い値段で買い上げられ、一区画に何十世帯もの家族を押し込めたため、胡同はスラム化してしまいました。その多くが北京オリンピックのときに壊されましたが、残された住居の一画には、清朝時代から残る満洲人の子孫がいまも住んでいます。

モンゴル人との血縁の深い清朝の皇帝たち

清朝は満洲人による王朝ですが、その血筋にはモンゴル人が深くかかわっています。なぜなら、満洲人にとってモンゴル人は、もともとモンゴル帝国時代からの主君筋にあたる存在だからです。また、一六三六年大清国の建国後、満洲人とモンゴル人は同盟者となり、満洲皇族とモンゴル貴族間で結婚関係が結ばれていきました。

清の太宗ホンタイジの五人の皇后はいずれもモンゴル人で、フビライの子孫リンダン・ハーンの未亡人もひとり皇后にしています。自分の娘もモンゴル貴族の跡継ぎへ嫁にやっています。清朝がいかにモンゴルを重視していたかということで、こうした血縁が清朝の基盤を固めていきました。

ですから、清朝初期の皇帝は、必然的にモンゴルとの血縁が濃くなっています。北京に入った世祖順治帝は、父は満洲人で、母はモンゴル人のハーフです。

第四代皇帝の康熙《こうき》帝は中国でも歴代最高と誉れ高い名君ですが、四分の一、モンゴル人の血が入ったクォーターです。父の順治帝の母親のモンゴル人皇太后に可愛《かわい》がられて育ったので、

［図6］仏教僧のコスプレをした雍正帝

モンゴル語が上手に話せました。康熙帝はモンゴル人にとても人気がありました。血筋でいえばリンダン・ハーンの息子が宗主だけれども、康熙帝は上手にモンゴル語を話すし、満洲人が皇帝でもいいじゃないかと、家来になるのに違和感がなかったようです。

第五代雍正《ようせい》帝になると、血筋は八分の一になり、モンゴル語は話せなくなります。雍正帝は康熙帝の第四子で、自分が跡継ぎになるとはまったく考えていませんでした。最初から跡目争いにも加わらず、気楽に過ごしていたせいか、自分がいろいろなものに扮《ふん》している、いまでいうコスプレをした絵がたくさん残っています。

図6は、雍正帝が仏教僧に扮しています。これ以外にも、孫悟空になったり、モンゴル人に化けたり、つけ髪をしてフランス人の格好もしている。自分の後宮の美女を描いた絵も、十何枚も残っています。しかし即位したあとは、たいへんな数の書類仕事をこなし、父の康熙帝が拡大した国家を維持するため粉骨砕身しました。その激務がたたってか、即位後一三年で亡くなりました。

これもコスプレといえるでしょうか、乾隆《けんりゅう》帝が文殊菩薩に扮しています（図7）。第六代乾隆帝はモンゴル、新疆を支配下に入れ、清の最大版図をつくった皇帝です。先に、マンジュの語源は「マンジュシュリである」という俗説に触れましたが、自らを文殊菩薩になぞらえることで、仏教徒の支持を集めるのに利用したのかもしれません。

[図7] 文殊菩薩に扮した乾隆帝

モンゴル文字からつくられた満洲文字

図8は満洲文字と漢字とモンゴル文字で書かれた『満洲実録』です。上段が満洲文字で、下段がモンゴル文字です。見分けがつかないほど似ています。それも当たり前で、前述の通り、満洲文字はモンゴル文字をもとにつくられました。

モンゴル文字は、もともとは古代に中近東のシリアで使われていたアラム文字から来ています。アラビア文字と同じ祖先から分かれたアルファベットである地中海の東岸の文字が、中央アジアに伝わってソグド文字になり、古代ウイグル遊牧民に影響を与えてウイグル文字になり、それをチンギス・ハーンが採用してモンゴル文字になり、そこから満洲文字がつくられました。アラム文字の時代には最初は子音だけだった文字に母音が加わり、「てにをは」のある言葉をそのまま発音通りに書ける文字になりました。

満洲語は日本人には親しみやすい言葉です。まず語順が日本語と同じです。とにかく順番に読めば、日本語になります。満洲語の研究については日本が世界一で、前述したように、私の主人の岡田英弘はこの文字で書かれた『満文老檔』を日本語訳して、二冊目が出たところで、学士院賞を取りました。『満文老檔』は東洋文庫から七冊刊行されています。

この『満洲実録』は、乾隆帝時代に完成したものですが、自分たち満洲の始祖説話から始ま

［図8］乾隆時代にできた『満洲実録』

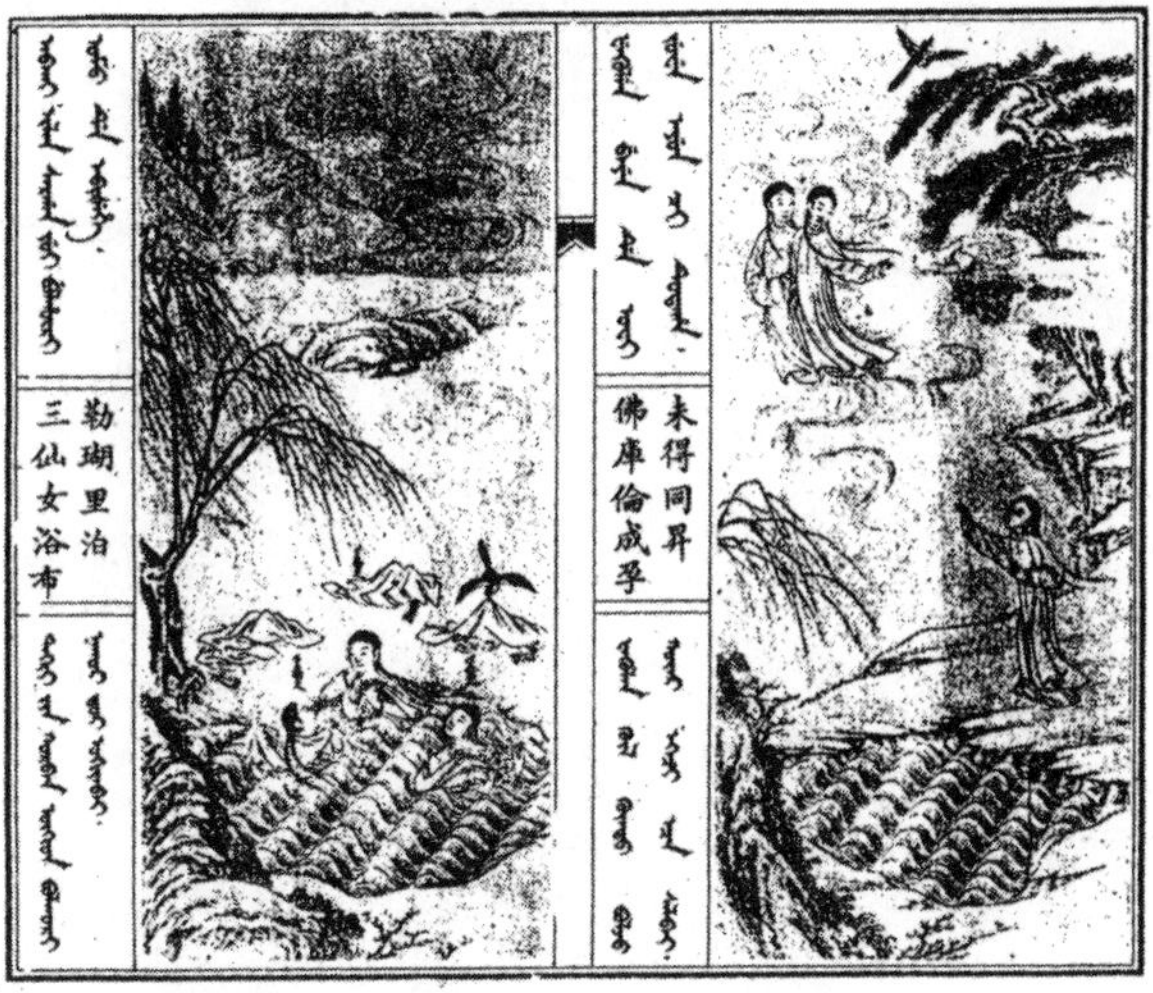

『満洲実録』巻一
『満洲実録』は絵入りのヌルハチの公式伝記で、本文は上段からマンジュ（満洲）文・漢文・モンゴル文、行は左から右に進む。図は巻頭の始祖説話で、３人の天女がブルフリ湖に下って水浴びをし（左）、鵲が置いた紅い実を食べたために身籠った末娘が地上に残される（右）。こうして生まれた男子が愛新覚羅氏の祖となった。

るもので、清朝初期史の重要な史料です。八一枚の絵とともに、満洲文字と漢字とモンゴル文字の三体で書いてあります。清朝皇帝の祖先が天の神様の血を引いているという『満洲実録』の始まりの部分を紹介します（図8）。

まず真ん中の漢字をご覧下さい。「三仙女浴布勒瑚里泊」「佛庫倫成孕未得同昇」。なんとなく意味がわかるでしょう。「三仙女がブルフリ湖で水浴びをしていた。フクレン（佛庫倫）が子を孕《はら》んで一緒に空に昇れなくなった」

これが清朝皇族の愛新覚羅氏の始祖説話として語られています。じつは学問的見地からいうと、この神話は実際は彼らのものではなく、黒龍江近くの部族が清朝に降ったあとで、かれらの始祖説話を拝借したものだということがわかっています。

場所も変えられていて、いまの中国と北朝鮮の国境にある長白山《ちょうはくさん》（白頭山《はくとうさん》）が清朝の祖先の故郷であるということにしています。長白山は中国の呼び名で、北朝鮮では白頭山と言います。いまの北朝鮮と中国の国境線の山のてっぺんにブルフリ湖があったことになります。

絵の入っていない文章だけの個所ではもう少し詳しく述べられています。それによると、三人の仙女が天から湖に降りて水浴びをしている間に、サクサハ（カササギのことです）が紅い丸い実を、仙女たちが脱いだ着物の上にぽんと置いた。すると、一番末の娘が「あら、おいしそう」と食べてしまった。食べたらお腹が大きくなって、天に帰れなくなった。お姉さん二人は、「お腹が軽くなったら帰っていらっしゃいね」と言って帰ってしまいました。

この末娘は残されて、お腹が大きくなって男の子を産み落とすと、男の子を川に流して帰ってしまいます。子供は舟に乗って川を下っていきますと、三姓部族の人が水を汲《く》みに来て見つけて、「これは神様の子供だ」と言って育てたのがヌルハチの祖先になるのです。

日本の昔話にも通じる、とてもおもしろい話だと思いませんか。満洲人は南の漢人に比べて、日本人にとてもよく似ています。「てにをは」のある言葉を使い、情緒があり、皇帝もみなまじめで勤勉で、ときには人間関係や女性問題など、よけいなことまで書き残してしまうほど裏表のない、素晴らしい歴史を持つ人たちです。ただし、天女が子供を捨てて帰ってしまう、というところが、日本人よりもドライで、大陸に住む人々と日本人の民族性の違いを表しているように思います。

清朝は五大種族の同君連合帝国だった

清の最盛期は、一六四四年にシナ支配を始めた順治帝の息子、康熙帝と、その息子の雍正帝、さらにその息子の乾隆帝の三代（一六六二～一七九五）です。

康熙帝は一六八三年、明の亡命政権を支持する鄭成功《ていせいこう》がオランダを追い出して台湾に建てていた亡命政権を降し、台湾を征服しました。鄭成功はすでに亡く、清に降ったのは鄭成功の孫です。ただし台湾はこのあとずっと長く清の内地扱いされず、日清戦争の一〇年前の一八八五年まで「化外《かがい》の地」として、漢人は渡航禁止でした。

一六八九年、康熙帝はロシアのピョートル大帝との間にネルチンスク条約を結び、ロシア人をアムール河から閉め出しました。露清国境はアムール河のはるか北方に決められたのです。ただしピョートル大帝の名誉のために言っておくと、ピョートル大帝はまだこのとき一六歳で、怖い姉のソフィアが摂政として実権を握っていたので、ロシアが広い豊かな土地をあきらめざるを得なかったのは、当時の清朝の実力と康熙帝の政治力を誉めるのは当たり前として、ピョートル大帝に責任はありません。

一六九六年にはゴビ砂漠の北のモンゴル高原に親征して、西モンゴル（オイラト）のジューンガル部長ガルダン・ハーンを破り、現モンゴル国の東半分を支配下に入れます。長くモンゴル諸部のライバルだったオイラトは、一六八八年、北モンゴルに攻め込み、ハルハ部族の人々は、同族のいるゴビ砂漠の南に逃げてきました。一六九一年、フビライが建てた上都の跡地でハルハ部族の領主たちから臣従の誓いを立てられた康熙帝は、かれらの故郷を取り返し、キャフタでもロシアと接することになりました。

康熙帝は、一七二〇年にはジューンガル軍をチベットから駆逐し、ダライ・ラマ政権を保護下に入れています。

いまの新疆ウイグル自治区全域を支配し、カザフ草原からシベリアに至るまで勢力を及ぼしていたモンゴル最後の遊牧帝国ジューンガルは、最終的には誰が君主の位を継ぐかで分裂し、

［図9］清の最大版図（1759年に達成）

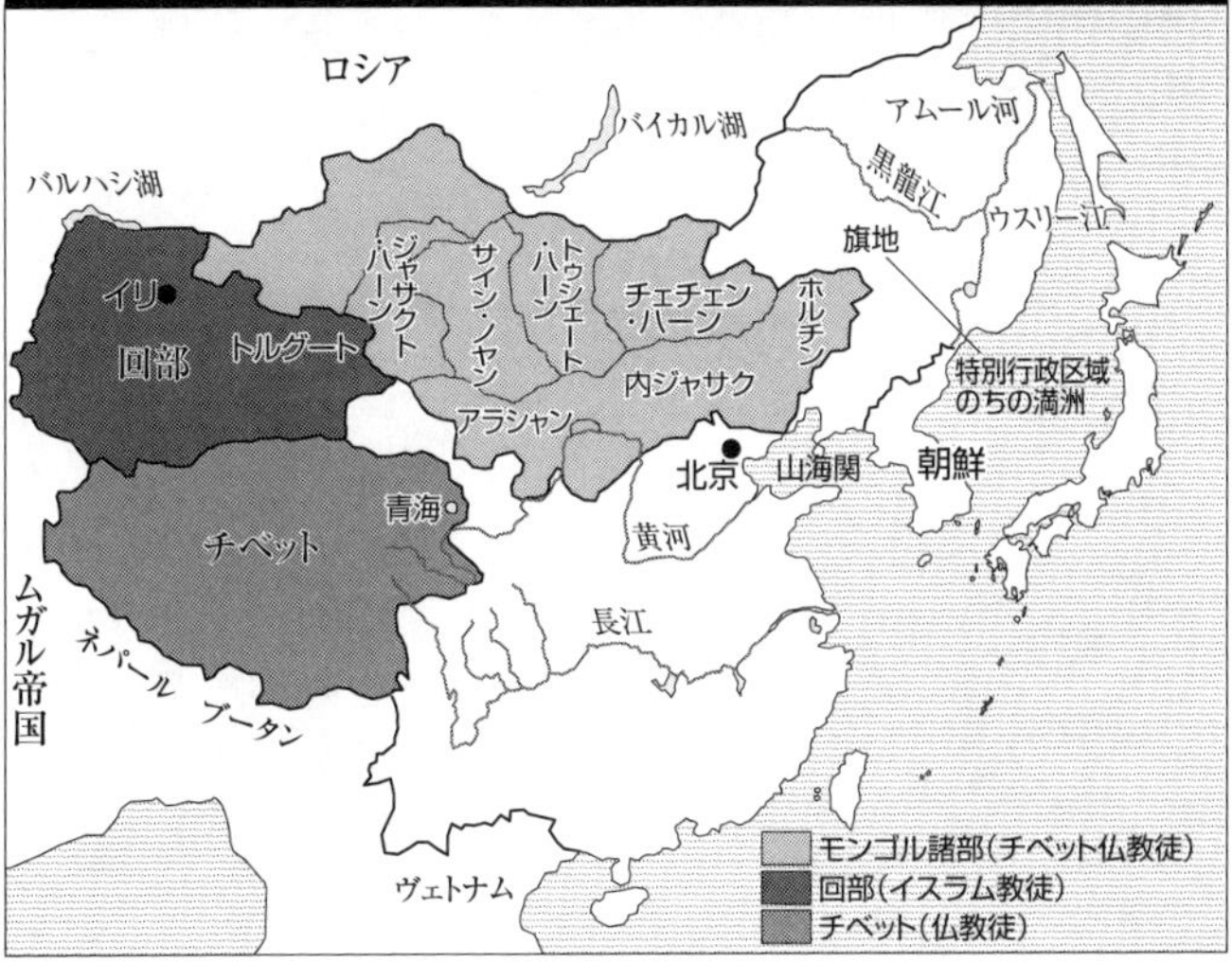

一七五五年、乾隆帝は各々二万五〇〇〇の満洲軍とモンゴル軍をイリに派遣してこれを滅ぼしました。ジューンガルの支配下にあったタリム盆地のオアシス諸都市は一七五九年に清朝に下り、こうして清の版図は最大になりました（図9）。そして、一九一二年に滅びるまで、ロシア帝国に取られた部分を除きこの広大な領域を統治していきます。

なぜそのようなことが可能だったのでしょうか。結論からいうと、大清帝国の本質は、一つの大きな国というよりも、満洲、シナ、モンゴル、チベット、回部からなる五大種族の同君連合国家だったということです。清朝皇帝は、漢人の皇帝であるとともに満洲人の八旗連合の議長であり、モンゴル人のハーンであり、チベット仏教にとっての大施主であり、イスラム教徒の保護者でした。モンゴルとチベットと回部は藩部と呼ばれ、種族ごとに宗教も言葉も文字も法律も違い、満洲語だけが共通語でした（図10）。それぞれの支配者が満洲皇帝に臣属していますが、自治を許されていました。自由に各地域を移動できたのは満洲人だけで、漢人の移住は禁止されていました。

各地域、種族ごとに自治を任せ、同君連合の形をとったからこそ、清朝は二六〇年もの長きにわたり巨大な帝国を維持することができたのです。

[図10] 清朝は五大種族の同君連合国家

『五体清文鑑』
清朝で公式に使用された五種類の言語の対訳辞典。①満洲語。②チベット語。③チベット語の綴りを一つずつ満洲文字にしたもの。④チベット語の発音を満洲文字で表現したもの。⑤モンゴル語。⑥アラビア文字で書かれたトルコ語。⑦トルコ語の発音を満洲文字で表したもの。⑧漢語。

第四章　西洋近代に対応できなかった清朝

人口の急増で清の国内は不安定化していった

清が一六四四年に山海関を越えて「入関」したときには、漢人の人口は六〇〇〇万人くらいでした。ところが、康熙帝、雍正帝、乾隆帝と三代の最盛期に清朝の領土も拡がり平和が続いたために、清の人口は爆発的に増えました。

一八世紀の初め、康熙帝の末年に一億人を突破したようで、一七二六年には二億人、一七九〇年には三億人と増え続け、乾隆帝を継いだ嘉慶《かけい》帝の次の道光《どうこう》帝時代の一八三四年には四億人に達しました。ちょうどアヘン戦争（一八四〇〜四二）の直前です。

一八世紀からの急激な人口増加が清朝の社会の不安定化につながりました。いくら土地が広くても、農家の次男、三男はやがて食べていけなくなります。そこで開拓のため、漢人農民の移住が始まりました。当時はまだ封禁策《ふうきん》をとっていて満洲には入れなかったため、はじめは南へ移動しました。華南を開発しつくした後も人口がさらに増え、もはや耕すべき土地がなくなった結果、華僑《かきょう》の海外進出が始まります。最初はフィリピン、インドネシア、ベトナム、マレーシアなど東南アジアが主な移住先でしたが、しだいにオーストラリア、オセアニア、アメリカ、西インド諸島にまで拡大していきました。

苦力《クーリー》と呼ばれた人たちがアメリカに行ったのもこの頃です。人口過剰現象が社会矛盾を生み出すなかで、列強のシナ大陸進出がはじまるのです。

「三跪九叩頭の礼」を拒否したイギリス使節マカートニー

マカートニーが清にやってきた当時、ヨーロッパとの貿易は広州《こうしゅう》一港に限られていました。これをカントン体制といいます。マカートニーは貿易改善の全権大使に起用され、一七九三年、乾隆帝の八〇歳を祝う使節団として派遣されました。

イギリスでは上流階級の間で、清から運ばれたお茶にカリブ海から運んできた砂糖を入れて飲むのが流行していました。ですから、是が非でも清との条約交渉を締結し、茶貿易を安定させたかったのです。

［図11］乾隆帝がマカートニーを謁見する図
（英国の風刺画家ギルレイ描く）

しかし清にとっては、イギリスも貿易を求める朝貢国に過ぎず、皇帝の徳を慕ってやってきた朝貢使節でしかありません。熱河離宮を訪問したマカートニーに対して、皇帝への儀礼である「三《さん》跪《き》九《きゅう》叩《こう》頭《とう》の礼」をすることを求めます。マカートニーは拒否しましたので、結局、乾隆帝が譲歩する形で、イギリス流の片膝《かたひざ》をつくお辞儀で謁見がおこなわれることになりました。

　このときの様子を描いた絵があります（図11）。英国のJ・ギルレイが描いた風刺画ですが、実際の状況とはかなり違っています。宮廷はもっと広く、謁見者はずっと端にいて、玉座ははるかに大きいものです。このような間近で謁見することなどあり得ないのです。

このときイギリス側の要望はまったく聞き入れられませんでした。乾隆帝の返答は「地大物博《ちだいぶつはく》」つまり、「清は土地は広く、物はなんでも揃《そろ》っているから、イギリスから買うものは何もない」でした。「あなたたちがどうしてもお茶や絹がほしいと言うから、港を開けて貿易を認めているのに、対等な商業活動を要求するとは何事だ」とはねつけたのでした。

そのあとも清とイギリスとの関係はたいへん悪く、一八一六年にやってきたアマースト使節団は、三跪九叩頭の礼を拒否したため、乾隆帝の息子の嘉慶帝は会うことすらせず、派遣は失敗に終わりました。

お茶の代金をアヘンで支払った英国

イギリスは清との貿易で一方的にお茶を輸入するばかりで、輸入超過の状態が続いていました。産業革命で飛躍的に生産が伸びた綿織物も、質が悪くて清の絹・綿織物に対抗できず、お茶の支払いに銀を充てるしかありませんでした。

ちょうど時を同じくして、アメリカで独立戦争（一七七五～八三年）が起こり、イギリスが北米植民地を失うと、国内で清への銀の流出に対する不満が高まり、代わりにアヘンで支払うことを思いついたイギリスは、本国の綿織物をインドに輸出し、インドで生産したアヘンを清に輸出して茶の代金に充てるという、いわゆる三角貿易を始めます。

清は雍正帝の時代からアヘンを禁止していました。一七二九年にアヘン禁止令を出したときは、ポルトガル商人が清に持ち込むアヘンの量は年間一〇〇箱でした。一箱が六〇キログラムのアヘンは中毒者一〇〇人が一年間に吸引する量で、約一万人の中毒者がいたことになります。ところが一八世紀末になると、イギリスの東インド会社が取り扱うベンガル・アヘンの量は四〇〇〇箱になり、中毒者も四〇万人に激増します。清に対して輸入超過の片貿易だったイギリスが、禁制品であることを承知のうえでアヘンを売っていたのです。

一八三八年には四万箱が清に輸入されました。これは四〇〇万人分の量で、当時の清の人口四億人のうち、一〇〇人に一人が中毒者になる計算です。

イギリスはこのアヘン輸出量の増加により貿易収支が逆転し、逆に清国内の銀が流出し、高騰する結果となりました。

アヘンの害と銀の流出に悩まされた道光帝は、アヘン禁絶を断行するため、大臣たちに広く意見を求めます。その中で、もっとも意に適った意見を出したのが、林則徐《りんそくじょ》でした。

道光帝は林則徐を北京に呼んで、欽差《きんさ》大臣に任命します。林則徐は固辞しますが、使命を果たせば特進で両広（広東・広西）総督のポストを与えると皇帝に諭されて、一八三九年、広東に着任しました。

林則徐は、広州の外国商人たちから二万箱のアヘンを没収し、それらを周囲から見えるように河口近くの丘の上に二つの池を掘り、塩水と石灰を混ぜて二〇日余りかけて処理しました。白い煙が上がりましたが、これは焼いたのではなく、化学反応によるものです。アヘンは焼いても処分できません。

これに対し、イギリスの貿易監督官チャールズ・エリオットは、林則徐の一連の行為はイギリス人の生命と財産を危険にさらした不当なものであると外相パーマストンに報告すると同時に、清に対する砲艦政策の実施を進言しました。イギリスのもともとの目的は対等な貿易のため清に国を開かせることです。結局、イギリス議会では賛成多数となり、こうしてアヘン戦争が始まります。

グラッドストーンのアヘン戦争反対演説の巧妙さ

イギリス議会が清への攻撃の賛否をまさに議論しているとき、のちに首相となる若き日のグラッドストーン（当時三〇歳）は、下院での演説でこう述べて戦争に反対しました。

「シナにはアヘン貿易をやめさせる権利がある。それなのにシナの正当な権利を踏みにじって、わが国の外務大臣は不正な貿易を援助した。これほど不正な、恥さらしな戦争は、かつて聞いたことがない。大英帝国の国旗ユニオン・ジャックは、かつては正義の味方、圧政の敵であり、民族の権利、公正な商業のために戦ってきたのに、いまや、あの醜悪なアヘン貿易を保護するためにかかげられることとなった。国旗の名誉は汚された。もはや、われわれはユニオン・ジャックがひるがえるのを見ても、血わき肉おどるような感激は覚えないであろう」

しかし、このときすでに遠征軍は清に向けて出発していたのですから、これは言い訳にすぎません。このあたり、イギリスは外交工作がとても巧みです。のちに世界から非難の声があがったときのために、こういう良心的な意見もあったと言い訳できるように布石を打っているのです。

一八四〇年八月、チャールズ・エリオットの従兄であるジョージ・エリオット率いる遠征軍が広東海口を封鎖し、廈門《アモイ》を攻撃しました。そこから艦隊は北上し、天津へと向かいます。渤海湾まで入ってきたことに道光帝は驚愕し、開戦の責を負わせて林則徐をただちに罷免《ひめん》しますが、イギリスは取り合いません。後任の欽差大臣、琦善《きぜん》との交渉も決裂し、一八四一年一月、道光帝は宣戦布告の上諭を発します。翌年五月、イギリス軍は上海を占領し、長江をさかのぼって鎮江をとり、南京城へ向けて砲列を敷きました。

イギリス軍がなぜ南京を攻めたかといえば、この地がちょうど長江と大運河の結節点だからです。ここを抑えられたらシナ経済は成り立たない。それを指摘したのは、使節として送り込まれたマカートニーでした。彼は熱河離宮を訪れた帰途でここを通り、はやくから南京の重要性を認識していたのです。

南京を包囲された清朝はあっさりと敗北を認め、南京条約を結びました。全十三条の主な内容は、

一、香港をイギリスに割譲
二、焼却したアヘンその他の賠償として二一〇〇万メキシコドルを支払う（これは清朝の年間歳入の三分の一にあたりました）
三、広東・廈門・福州・寧波《ニンポー》・上海の五港を開港する

イギリスによるアヘンの輸出については何一つ、触れられていません。実は条約の締結前に双方の全権が「公然たる密輸」で合意していて、清朝官憲は取り締まりをしないという暗黙の了解ができていたのです。

アロー号事件から始まる第二次アヘン戦争

アヘン戦争の勝利で清の開国に成功したイギリスですが、思惑通りにはいきませんでした。清にしてみれば、アヘン戦争には負けたけれど、夷狄《いてき》のイギリスをていよく香港島へ押し込めたぐらいにしか思っていなかったのでしょう。その証拠に、清はイギリスのことを公文書でも

「英夷」と呼んでいます。これは「イギリスという野蛮人」という意味です。

　お茶と絹が欲しいというから善意で港を開いたのに、その代償として禁制のアヘンを売りつけてくる。これを取り上げれば軍艦で攻めてくるのですから、こんなことはモンゴル人だってしなかった、話の通じない正真正銘の野蛮人です。だから北京からなるべく遠いところにおいて、下っ端の役人をあてがって適当に飼いならしておこうとしたのです。

　実際、イギリスの香港総督に対する清朝側のカウンターパートは両広総督でした。すべて北京の中央政府にお伺いをたてないと決裁できず、返事がくるまでに一カ月は待たされます。アヘン戦争前と何も変わらぬ状況にしびれを切らしたイギリスは、アロー号事件を起こしました。

　一八五六年十月、広東の珠江《しゅこう》に停泊中だったアロー号という船が海賊の容疑で清朝官憲の立ち入り検査を受け、シナ人の船員一二名が拘束されました。三名が逮捕され、残りの船員は保釈されましたが、イギリスの広東領事パークスは、アロー号は香港船籍であり、このとき掲げていた英国国旗が引きずり降ろされたと主張し、これは英国への侮辱だと抗議しました。

　しかしアロー号はすでにイギリスとの契約が数日前に切れており、清朝官憲による臨検は合法なものであって、国旗が降ろされたかどうかもはっきりしません。パークスの抗議は、戦争の口実をつくるための単なる言いがかりにすぎませんでした。

　清との大幅な条約改正を目論むイギリスのパーマストン首相は、アロー号事件をきっかけに再び戦争に踏み切り、ちょうど同年に宣教師が殺害されたフランスと共同出兵します。イギリスはロシアとアメリカにも共同出兵を要請しますが、両国は出兵には同意せず、条約交渉にだけ参加すると返答しました。

一八五七年、英仏連合軍は広州を占領し、翌年、排外派とみなされていた葉名琛《ようめいしん》を捕らえてインドへ送りました（葉はカルカッタで客死）。一八五八年には天津に近い大沽《ターク－》砲台を占領します。北京とはもう目と鼻の先です。これにはどうすることもできず、清は和平交渉に入り、イギリス、フランス、アメリカ、ロシアとの間で天津条約が締結されました。

その主な内容は、公使の北京駐在、キリスト教布教の承認、内地河川の商船航行の承認、英仏に対する賠償とアヘン輸入の公認でした。

条約無視の清朝に対して英仏連合軍は北京条約を結ばせる

ところが、話はこれで終わりません。条約を締結して英仏軍が退却すると、北京では天津条約を非難する声が強くなり、熱河から戻った第九代皇帝、咸豊《かんぽう》帝は話を変えてしまいます。

シナはここが問題で、条約を結んでいても、態度をころころ変えてしまうのです。それは琉球処分のときも同じです。日本は琉球を沖縄県と決めて清に通告し、北京で八回も協議して日清協約を結んでいるのに、最後の最後で調印しないという。シナの法解釈のおかしなところです。

このときも知らん顔をしたというよりなお悪く、腹を立てた排外派の皇帝の命令で、条約を批准するために天津から北京へ向かっていた英仏艦隊を大沽砲台から砲撃してしまいました。攻撃したのは欽差大臣のセンゲリンチンで、蒙古八旗の将軍です。

これに怒った英仏軍は大沽砲台を再び占領し、再交渉にパークスら使節団を送ります。しかし咸豊帝の指示を受けたセンゲリンチンに使節団が囚われ、一一名が殺害されたため、英仏連合軍は北京へ進軍、報復として円明園《えんめいえん》を焼き払いました。円明園は乾隆帝時代に、イエズス会宣教師のカスティリオーネの設計で建てられた美しい庭園でしたが、金目の物をすべて掠奪したのち、徹底的に破壊しつくされました。

一八六〇年十月、北京を占領した連合軍は、北京に残って交渉にあたった恭《きょう》親王と北京条約を結びます。狼狽《ろうばい》した咸豊帝は熱河に逃げてしまいました。

天津条約をベースに、次のような内容が決められました。

一、英仏両国へ賠償金を支払うこと（八〇〇万両）
二、一一カ所を新たに開港すること
三、外国人に自由に内地を旅行する権利を与えること
四、輸出入品に対する内地通過税の免除
五、外交使節の北京常駐権

六、華僑の海外渡航容認
七、九龍半島の割譲
八、アヘン貿易の合法化

さらに、「公文書に蔑称《べっしょう》である『夷』の文字を用いない」という項目も、条件に入れられました。イギリス人がこれをどの程度問題視していたかはわかりませんが、部下の漢人から聞いていたのか、あるいはイギリス人も勉強して漢字ができるようになっていたのかもしれません。

諸外国が獲得したいろいろな権益は、アヘンの合法化以外に、外国使節の北京常駐権のような、イギリスがとくにアヘン戦争の後に強く望んだものでした。ですから、アロー号事件をきっかけとして始められたこの戦争は、第二次アヘン戦争と呼ぶのがもっともふさわしいのです。

太平天国の乱こそが共産主義運動の始まりという嘘

「一八四〇年のアヘン戦争でイギリスに負けて、中国の半植民地化と屈辱の近代が始まる」という中国近代史は、一九三七年に始まる支那事変の最中に毛沢東がつくり出したということを、私は『真実の中国史』（ビジネス社、のちPHP文庫）で書きました。

昭和12年学会を一緒に立ち上げた藤岡信勝先生が、雑誌『正論』に書評を書いてくださるとき「宮脇さん、毛沢東はどこでそれを書いているんですか」と聞いてこられました。「毛沢東の本なんか読んでません。前後関係から判断した結論です。だれが命令したかといえば毛沢東しかいないでしょう」と私は答えました。

するとと藤岡先生は、毛沢東が直々に書いたものであることが明らかな『中国革命と中国共産党』という本の中に、確かに「中国人民の民国革命闘争は一八四〇年にアヘン戦争から数えて既に丸一〇〇年の歴史を持ち」と書いてあるということを探し出されて、「宮脇さんは読まなくてもわかるのはすごい」と言われました。

ジャーナリストの宮崎正弘先生にその話をしたら、「中国人が証拠を残すというのは普通はない。だいたいは状況証拠というか、だれが一番得をしたかといった結果から判断するんだけどね」と笑ってくださいました。

とにかく、「アヘン戦争から近代が始まったことにしろ」という命令を毛沢東が延安で出していることは間違いありません。この文脈でいくから、太平天国《たいへいてんごく》の乱（一八五一〜一八六四年）こそが歴史的に共産主義運動の始まりだという位置づけになるわけです。

ところが、日本の歴史教科書には「アヘン戦争でイギリスにたくさん借金ができた清朝が、税金を増やしたせいで農民が反乱を起こして太平天国の乱に発展した」と、毛沢東の歴史観そのままの因果関係で書かれています。これは、まったくの嘘と言わざるを得ません。このとき中国は国民国家ではなかったからです。まだ中国人と呼ばれるような人はいませんから、民族運動が起こるわけがないのです。

私がなぜ「中国共産党が、太平天国の乱を共産主義運動の始まりとした」というのか、理由を説明しましょう。

太平天国を最初に利用したのは、辛亥《しんがい》革命でした。一九一一年の辛亥革命で、革命家たちは、太平天国にならって辮髪《べんぱつ》を切り落とし、「滅満興漢《めつまんこうかん》」という言葉で大衆を煽動しました。

ちなみに、太平天国の乱について、日本の教科書は「滅満興漢を叫んで」などと書いていますが、もちろんこれも嘘です。「滅満興漢」は辛亥革命で初めて使われた言葉です。

そして、のちに中国共産党指導部も、太平天国を自分たちの先駆者と位置づけるようになりました。太平天国が取り入れた「天朝田畝《てんちょうでんぽ》制度」は、「田があればみんなで耕し、食べ物があればみんなで食う。どこの人もみな均等にし、一人残らず暖かな服と腹いっぱいの飯を得られるようにする」という一種のユートピア思想で、これを「封建的な土地所有制度を否定した革命的な綱領である」と高く評価して、これが共産主義運動の原点だと言い出したのです。

じつはこれはシナ大陸に昔から存在する「大同《だいどう》」ユートピアの言い換えであり、歴史の中に何回も出てくる農民ユートピアの思想に過ぎません。

しかし共産党はこのユートピア社会を自分たちの思想の原点としました。中国や韓国だけでなく、日本でも、古いほうに正統性があるというか、古いほうが価値が高いと考えます。それで、共産党も歴史の中から都合のいい事例を拾ってきたのです。

一九九一年に中華人民共和国から劇画で描かれた中国通史が刊行されました。岡田英弘が日本語訳の監修を頼まれ、一九九五年に『絵で見る中国の歴史』（原書房）が刊行されました。そこでも太平天国が共産主義の始まりだということになっていました。

当時の清朝には、白蓮教徒《びゃくれんきょうと》の乱や捻軍《ねんぐん》の乱、雲南の回民《かいみん》と漢民《かんみん》の対立など、ほかにも多くの反乱があったにもかかわらず、ことさら太平天国の乱だけが中国近代史で大きく取り上げられるのは、「天朝田畝制度」が、一九五八年から始まった中国の大躍進運動《だいやくしんうんどう》や人民公社の設立と共通する部分を持っていたからです。

洋務運動が軍閥の力を強めることになった

第二次アヘン戦争に敗れた清朝は、一八六〇年の北京条約で、海外列強に対して「夷」という漢字を用いることを禁じられました。それまで諸外国との関係、交渉いっさいの事務を「夷《い》務《む》」と呼んでいましたが、ここから「洋務」と呼ぶようになります。

洋務運動とは清朝の西洋化のことで、主導したのは曽国藩《そうこくはん》、李鴻章《りこうしょう》、左宗棠《さそうとう》ら、巡撫《じゅんぶ》や総《そう》督《とく》たちでした。かれらはいずれも太平天国の乱の討伐にあたった清の将軍たちで、ともに戦った租界の外人傭兵部隊である常勝《じょうしょう》軍の武器、弾薬、船舶などの西洋近代文明の威力をまざまざと見せつけられ、兵工廠《しょう》や造船所などを自分たちで設立していくのです。

洋務運動は、結果として、軍閥の力を強めることになっていきます。太平天国の乱の鎮圧のため、曽国藩が組織した湘軍《しょうぐん》は急ごしらえの軍隊でしたが、地元の師弟関係を中心に集められた固いきずなで結ばれた軍でした。地方の郷紳《きょうしん》たちにも信頼され、「この軍隊なら」と安心して資金援助をしてくれました。

この湘軍は太平天国の乱が終結しても存続し、その地方を守る軍隊として、国軍よりも信頼される存在に成長していきました。これが軍閥の起源です。李鴻章の淮軍《わいぐん》、左宗棠の楚軍《そぐん》もこれにあたります。

かれらは外国と商売が始まっていた地方の有力な富裕層から資金提供を受け、兵工廠や造船所の設立を始めます。軍需産業から始まった洋務運動は、やがて運輸、紡績業などにおよび、鉱山開発や電信設備の導入などにも広がっていきますが、これらすべては各将軍の私兵を強くするためのものでした。

「中体西用」は「和魂洋才」とどこが違うのか

「中体西用《ちゅうたいせいよう》」という言葉があります。「精神は中国のままで物質の面だけ西洋を摂取する」という意味ですが、この「中国」というのはまだ中華民国ができる前で、「ドゥリンバイ・グルン」という満洲語、つまり「真ん中の国」という意味です。ここでは「自分たちの中心」ということで、漢人の住む場所と満洲が中国と考えられています。

モンゴルやチベット、いまのウイグルは藩部と呼ばれて、この中には入りません。

この「中体西用」という言葉は「和魂洋才《わこんようさい》」と似ていて、よく比較されますが、指し示す内容がかなり違います。

日本はもともと技術や職人を大事にするという文化があります。額に汗してものをつくることを尊重します。政治をつかさどる文官だけでなく、武人の精神も貴ぶ文武両道の考え方です。ですから、明治維新でも下級武士たちが労働をいとわず、一つ釜の飯を食べて、近代化を成し遂げました。坂本龍馬も自ら船を分解してみて、船の構造を研究しています。

ところが、シナでは、汗を流すことは「末《すえ》」として軽蔑されました。儒教の考えでは、手足は頭に使われるものだから、汗を流す労働者は偉い人に使われる下層階級なのです。その考えが足を引っ張り、なかなか技術の習得が進みませんでした。

科学技術も頭を使うと思いますが、実験をしたり、道具をつくるのがいやなのでしょう。そもそも外国語を勉強すること自体が末端のすることだという考えなのです。儒者は「四書五経」だけ読んでいればいいと思っているので、熱心にならないのです。

一八六一年に洋務の中心として設置された総理衙門《がもん》が、英仏露語を学ぶ同文館をつくり、さらに天文学と数学を学ぶ特別コースもつくったのに、よい学生が集まらなかったので、特別コースは一年で廃止されてしまいました。

現代中国はいま清朝から歴史を見直そうとしている

日清戦争について振り返るとき、日本は勝利したこともあって、どうしても上から目線で結果を見てしまいがちです。しかし、この戦争を中国の立場に立って見ればどうでしょうか。日本は明らかに運がよかったこともありますし、いまふたたび中国に勝てるかというと、これはどうなるかわからない。そこから考え直さなければ、危ない時期に来ていると、私は考えています。

いま中国は、日清戦争について熱心に勉強しています。なぜ負けたのか、何が敗因だったのかを研究し、日清戦争前の状態に戻そうとして、しきりに琉球、沖縄問題を持ち出してきています。

ところが日本はもう近代史を勉強していません。これでは相手の打ってくる手に対抗できなくなってしまいます。

清朝ははじめ、とても順調でした。康熙帝の時代、ネルチンスク条約でロシアを追い出し、乾隆帝のときには、モンゴル、チベット、回部を支配下にいれ、最大版図になります。しかしジューンガルに勝って敵がいなくなったことで緩んでしまい、アヘン戦争で負けると、ロシアに救いを求めました。そのせいで、せっかくネルチンスク条約でロシア人を追い出したアムール州をロシアに取られてしまいました。その後、第二次アヘン戦争で英仏に負けたときにも、ロシアが仲介に入り、結局、北京条約で沿海州を取られています。一度勝ったからといって、安心してはいけないのです。

いま中国は清朝についても勉強して、時代をひとつもふたつも前までリセットしようとしています。日本人も清朝の教訓に学び、近現代史を見直す必要があるのではないでしょうか。

第五章　日本はなぜ満洲に出て行くことになったのか

日清戦争以前に日本が置かれていた状況

さて、ここから日清、日露戦争へと時代は移っていきます。いよいよ日本が登場してきますが、まずは当時の日本が置かれていた状況をおさらいしておきましょう。

幕末、それまで鎖国体制を続けてきた日本に、一八五三年、アメリカのペリー提督が黒船を率いて浦賀に来港し、強く開国を迫りました。日本は翌一八五四年、日米和親条約を結び、二一五年続いた鎖国は終焉します。

そのあと、イギリス、ロシア、オランダとも、次々に和親条約を結びますが、これらはすべて日本側にだけ義務を負わせ、片務的最恵国待遇を認める不平等条約でした。片務的最恵国待遇とは、ある国が日本と有利な条件で条約を結んだ場合、その条件がすべての国に適用されるというもので、アヘン戦争で清国もこの片務的最恵国待遇をイギリスに認めさせられています。日本はこの不平等条約を解消するのに、第一次世界大戦が終わったあとまで五〇年以上かかりました。欧米列強と対等な外交関係を築くために、日本は帝国憲法をつくり、国際条約を守って欧米並みの国家システムを整え、一つ一つ障害をクリアしていって条約交渉によって解消させたのでした。

日清修好条規は平等条約だった

列強の圧力により国を開いた日本は、一八六八年、明治維新を成し遂げます。欧米列強による植民地化を避けるためには、国民一丸となって、国民国家化に踏み切るしかなかったのです。ここから日本は、それまでのシナ文明に由来する一切の制度を放棄して、西欧・北米の制度に全面的に切り替えていきました。

いまでいうグローバリゼーションを学んだ日本は、明治維新から三年後の一八七一年、清と日清修好条規を調印しました。その内容は以下のような平等条約でした。

一、両国は外交使節と領事を相手国に駐在させる

二、領事裁判権を認める
三、内地通商の禁止
四、最恵国待遇を認めない

この条約は歴史上、日本国とシナ大陸の王朝との間で結ばれた初めての条約でした。意外なようですが、七世紀末に「日本国」を建国して以来、日本の最高権威である天皇とシナ皇帝の間に正式の国交があったことはありません。明から冊封《さくほう》されていた足利義満がたとえ「日本国王」を名乗ったとしても、日本の中では天皇の家臣で、一段格が下ですから、天皇の権威は傷つきません。江戸幕府の将軍も形としては天皇の家来ということになります。日本の天皇陛下は、国際関係にはいっさい関与していなかったのです。

つまり、明治維新で開国したために、両国の国家元首の間で対等の条約が結ばれたということになります。これは日本が国際基準を取り入れたということで、ここから日本とシナそれから中国の新しい関係が始まるのです。

日本の台湾出兵によって明確になった琉球の帰属

日清修好条規を結んだ翌年の一八七二年、日本は琉球を琉球藩とし、国王を華族に列しました。琉球王国は明代以来、シナと朝貢・冊封《さくほう》関係にありましたが、一六〇九年以後は薩摩藩の支配下に入り、明朝の後は清朝と、同時に薩摩藩、すなわち江戸幕府に「両属」する関係でした。

一八七一年に、台湾に漂着した宮古島住民六六人のうち、五四人が「生蕃《せいばん》」と呼ばれる、台湾先住民のパイワン族に殺害されるという事件が起こりました。日本政府の抗議に対して、一八七三年、清朝は台湾の「生蕃」は「政教」が及ばない「化外《かがい》」に属すると言い逃れをします。つまり、台湾の原住民は自国の領民ではないから、日本人が殺されたのは自分たちには関係がないと責任転嫁したのです。

清朝の回答を聞いた日本は、一八七四年五月、自国民殺害の報復のために台湾出兵をおこないます。同一〇月、清国駐在イギリス公使の仲介で日清両国は宮古島島民を日本国民と認め、清国は避難民に対する見舞金一〇万両、戦費賠償金四〇万両を日本に支払いました。宮古島は琉球の一部ですから、これは沖縄が日本の一部であると認めたも同然です。

一八七五年、明治政府は琉球に対して清への朝貢を禁止し、福州琉球館を廃止しました。そして一八七九年、琉球藩を廃止して沖縄県を置きます。清は、日本が沖縄県を設置したことに抗議しました。そこで、翌年に日清協約を結び、正式に「琉球は日本国である」ということを認めさせますが、土壇場になって清が調印を延期してしまったのは前に触れたとおりです。ここでサインしてしまったら、完全に琉球を失うことになると考えたからでしょう。

日清、日露戦争はどちらも朝鮮半島をめぐる戦いだった

では、日本が清と日清修好条規を結んだ一九世紀後半、朝鮮はどのような状況だったのでしょうか。日清、日露の二つの戦争も、いうなれば朝鮮半島をめぐって起きた戦争です。朝鮮を理解しておかないと、なぜ日本が大陸に出ていかなければならなかったかということもわかりません。そこで、当時の朝鮮についての説明が必要になってきます。

そのころ朝鮮半島は、一三九二年に李成桂《りせいけい》によって建てられた李氏朝鮮が統治を続けていました。李氏朝鮮には厳しい身分制度がしかれ、一割にも満たない両班《ヤンバン》と呼ばれる貴族階級が中人《ちゅうじん》、常民《じょうみん》、賤民《せんみん》、奴婢《ぬひ》を支配する社会でした。

階層の移動はほとんどなく、両班から落ちることはあっても上がることはほとんどありません。両班でも科挙に受からなければ、排除の精神でどんどん省いていきます。食い扶持《ぶち》が少ないというか、もともとのパイが小さいので追い出すほうに熱心なのです。

排除された一族から四、五世代後にとても優秀な人がでて科挙に受かれば、もう一度族譜《ぞくふ》に復活します。族譜とは、始祖から歴代の名前や経歴を書き連ねたものです。名前の横に線が引いてあり、初代の祖先から一代目、二代目、三代目という代が記されています。これを「輩《はい》」と言います。日本も「先輩」「後輩」といいますが、これは間違った使い方です。儒教の先輩、

後輩は、一族の祖先からの順番を意味し、祖先からの世代が短い人が先輩で、例えば父とその兄弟たちは同輩、その子供になると次の輩つまり後輩になります。

儒教で輩が非常に重要なのは、祖先から世代が下っていくことによって祖先の気とエネルギーと血が薄まっていくと考えるからです。したがって、祖先に近いほうが偉く、同じ輩だと一日でも早く生まれたほうが祖先の血が濃いと考えます。ですから、長男が大事にされ、長幼の序がとても重視されたのです。

このように、厳しい身分制度と儒教的な考え方に支配されていましたから、両班が下層の人々を同じ国民と思うはずもなく、ナショナリズムなど起きようがありません。いま韓流の歴史ドラマなどでは、国民が一丸となって外敵に対抗するといったナショナリズムが盛んに描かれていますが、これはいま韓国が新しい歴史をつくっているからであって、すべて嘘であることは、すでに拙著『韓流時代劇と朝鮮史の真実』（扶桑社）で指摘したとおりです。

また朝鮮は経済的にとても貧しく、資源もありませんでした。モンゴル支配時代にいたはずの羊も食べつくしてしまったのかいなくなり、木を丸める技術がなくなったので樽や車輪もつくれませんでした。両班以外は染料を買う金もないので白い服しか着られません。下層階級は日本のような四民平等の近代化にあこがれていましたが、開明派として知られ、福沢諭吉からも支援されていた金玉均《きんぎょくきん》のような中人階級の知識人が現れても、実権を持つことはありませんでした。

朝鮮の事大主義に翻弄され続けた日本

朝鮮のことを語るときに、よく事大主義《じだい》と言います。この事大とは何かというと、語源は『孟子《もうし》』の「以小事大」（小をもって大につかうる）で、弱い者が強い者に仕え従うことを意味します。建国後、すぐに北元から明にのりかえた李氏朝鮮は、清朝になってもシナの冊封体制下にありました。しかし、この事大主義があとあと災いをもたらします。列強とのせめぎあいが続く混乱期に、清、日本、ロシアとその時々で事大する相手をころころと変え、アジアを大混乱に陥れてしまうのです。

当時、朝鮮で実権を握っていたのは、国王の高宗《こうそう》の実父の大院君《だいいんくん》でした。大院君は摂政となり、旧勢力を排して国内の改革を始めますが、キリスト教を弾圧し、フランス人宣教師を処刑し、フランス艦隊やアメリカ艦隊を追い払うなど、非常に排外的でした。

大院君が自分の妻の一族から選んで高宗の王妃としたのが閔妃《びんひ》です。閔妃ははじめ舅の大院君によく仕えますが、宮中に自分の勢力を持つやいなや大院君を追放し、国王親政の名のもとに実権を握ります。このあとも閔妃と大院君の抗争は続き、それが壬午《じんご》軍乱（一八八二年）や東学党の乱（一八九四年）につながって、しだいに日本も巻き込まれていくことになります。

一八七五年、日本海軍の測量船の雲揚号《うんようごう》が江華島《こうかとう》から砲撃を受けたことをきっかけに、翌七六年、日本は全文十二条からなる日朝修好条規を結びました。この条約は、日本に領事裁判権を認める不平等条約でした。日本の教科書は、「日本が欧米から押しつけられた不平等条約を、朝鮮に押しつけたのはけしからん」などと説明しています。しかし日本はすでに清と日清修好条規で対等の条約を結んでいるわけですから、清と従属関係にある朝鮮と対等の条約を結べば、清国に対して失礼になってしまいます。

またこの条約で、日本は朝鮮を「自主の邦《ほう》」として、独立を認める意思を示しました。朝鮮を早く近代化しなければ、やがては欧米列強の食い物にされ、日本は孤立してしまう。そうならないためにも、日本はその後も半島に関与し続ける必要があったのです。

閔妃ははじめ日本と組んで、別枝《べっし》軍という自分の息のかかった軍隊をつくりますが、これに反発した旧軍兵士たちを大院君がそそのかし、一八八二年、ソウルで壬午軍乱が起きました。難を逃れた閔妃は日本は頼りにならないと考え、これ以後、清に事大するようになります。

一八八四年に清仏戦争が起こり、清国はフランスに負けてベトナムをとられてしまいます。そこで、清はそれまで「化外の地」と呼んでいた台湾をあわてて省に格上げし、李鴻章《りこうしょう》は朝鮮に袁世凱《えんせいがい》を派遣して日本にとられる前に属国にしようと動き始めました。

清仏戦争の最中、金玉均ら急進改革派がクーデターを企てますが、閔妃の要請を受けた清は、袁世凱率いる清軍一五〇〇人を派遣し、日本人数十名が殺され、金玉均らは日本に亡命しました。これが甲申《こうしん》事変です。

一八八五年、伊藤博文と清の北洋大臣李鴻章は、両国軍隊の朝鮮からの撤兵、将来朝鮮に派兵する際には必ず事前に相手国に通告することを定めた天津条約を締結しました。

日清戦争に勝利するも三国干渉で遼東半島を返還

一八九四年三月、朝鮮半島の全羅道《ぜんらどう》で東学党《とうがくとう》の乱が起きました。キリスト教や外国の思想を西学と言うのに対して、朝鮮国内にあったもともとの伝統的な思想を東学と呼んだのですが、地方に派遣された役人の年貢取り立てがあまりにもひどかったので、農民たちが食い詰めて役所を襲った暴動に過ぎません。その暴徒の中に東学の一派もいたというだけのことです。甲午《こうご》農民戦争ともいわれます。

朝鮮政府は乱の鎮圧のために袁世凱に清軍の派遣を要請し、六月に清軍が朝鮮に上陸しました。天津条約があったので、清は派兵を日本に伝えてきます。日本は軍を即座に出しました。まもなく朝鮮政府と農民は全州で和約を結びますが、清も日本も撤兵せず、七月に日本は王宮を占領して閔妃政権を倒し、大院君をかついで親日的な内閣を組織させます。そして八月に日清両国が宣戦布告をして日清戦争が始まりました。

一八九四年九月には、日本は平壌の戦いで、李鴻章が二〇年来育成してきた清国最強の北洋陸軍を壊滅させます。次いで黄海の海戦で、日本艦隊が清の北洋艦隊に決定的な勝利を収めました。日本軍は鴨緑江を渡り旅順を占領、翌年一月には山東半島に上陸して威海衛《いかいえい》を占領し、李鴻章率いる清の北洋軍が降伏して勝敗は決します。四月には下関の春帆楼《しゅんぱんろう》で日清講和条約が結ばれました。清の全権大臣は李鴻章で、日本は伊藤博文首相と陸奥宗光《むつむねみつ》外相が全権大臣でした。

一八九五年の下関講和条約全十一条の概要は次の通りです。

一、朝鮮の独立の確認（清との宗属関係廃棄）
二、清国は遼東半島、台湾、澎湖《ほうこ》列島を日本に割譲
三、賠償金（銀二億両）の支払い
四、片務的最恵国待遇の付与
五、重慶、蘇州、杭州などの開港
六、開港場、開市場における日本人の企業経営権の承認

日本が清国から獲得した四以下の諸特権は、最恵国条款によって他の列強諸国もすべて共有することになりました。

ところが、満洲南下を計画していたロシアは、フランスとドイツを誘って、条約批准書交換の予定地芝罘《チーフー》に軍艦を集結して武力示威をおこない、この「三国干渉」によって、日本は遼東

半島を清に返還させられました。

こうして遼東半島を日本から清に返還させたロシアは、清国政府が日本へ支払う賠償金をフランスの銀行から借款する口利きをした代償として、一八九六年、満洲里《まんしゅうり》から沿海州に至る東清鉄道敷設権を獲得し、二年後の一八九八年には遼東半島南部の旅順・大連を租借したうえ、東清鉄道の中間のハルビンから旅順・大連へ至る東清鉄道南部支線の敷設権も得たのです。戦争をして清に勝利したのは日本なのに、戦利品を取り上げてロシアは漁夫の利を得たわけです。

シベリア横断鉄道の敷設とロシアの南下

一八五八年の愛琿《アイグン》条約でアムール河の左岸、一八六〇年の北京条約でウスリー江東岸から日本海に至る沿海州を清から奪い取ったロシアは、一八七一年に沿海州の南端ウラジヴォストークに海軍基地を建設しました。この町の名前は「東方を支配せよ」という意味です。

このウラジヴォストークとモスクワをつなぐため、一八九一年にロシアはシベリア横断鉄道を着工し、日清戦争のとき、路線はすでにバイカル湖の東のチタまで達していました。

路線はそこからアムール河の北を大きく迂回《うかい》して、ハバロフスクを経由してウラジヴォストークへ至ることになっていました。しかし冬は厳冬のため工事ができず、いつ敷設できるかめどが立ちません。日清戦争で日本に敗れた清をみくびったロシアは、清国領を通って一直線にウラジヴォストークへ至ることを思いつきます。

一八九六年、ロシアに赴いた清の全権大使李鴻章に、ロシア蔵相ウイッテから三〇〇万ルーブルという莫大な賄賂が手渡され、日本の進出に対して露清共同で防衛にあたるという秘密同盟条約（李＝ロバノフ条約）が結ばれました。李鴻章がロシアと調印した条約の内容は、以下のようです。

一、東清鉄道は、建設後八〇年間ロシアがこの鉄道を所有経営する
二、三六年後に清国政府は買収する権利がある（ウイッテは、買い戻しは予想されるが七〇億ルーブルを超える金額を清国政府が支払えるとは到底考えられない、と条約調印後に語った）
三、鉄道が敷設される地域、いわゆる鉄道付属地に、会社は「絶対的にしてかつ排他的行政権」を行使する

これに、のちに鉄道守備を名目に駐兵権が加わりました。しかも南部支線から朝鮮の国境を結ぶ支線の敷設権もこれに潜ませていたのです。こうしてロシアの南下は着々と進んでいったのです。

朝鮮の鉄道敷設権をめぐる争いから閔妃の殺害まで

ロシアの鉄道は広軌で五フィート、一五二四ミリです。日本の鉄道は狭軌一〇六七ミリで、のちに満鉄が採用した標準軌は一四三五ミリです。日本は本当は標準軌を採用したかったのだけれど、イギリスが自国の狭軌の古い車両を日本に売りたかったので、押しつけられたという説を聞いたことがあります。戦後敷設した新幹線は標準軌を採用しています。

日清戦争の最中に、日本は朝鮮の鉄道の京釜《けいふ》（ソウルと釜山を結ぶ）線、京仁《けいじん》（ソウルと仁川を結ぶ）線を敷設する優先権が与えられていました。日本は朝鮮の鉄道を標準軌で敷設する計画を立てていました。

ところが、三国干渉をみた閔妃一族は日本を見限って、ひそかにロシアと組みます。閔妃が日本を見下した理由はもうひとつ、日本から朝鮮に渡った役人がみな武士出身でそれも下層階級だったことが挙げられます。上下関係を重んじる儒教の国の王妃としては、下層の武士階級など相手にするのもおこがましい存在だったのです。それに比べると、ロシアは貴族で優雅な人物を公使として派遣してきましたから、あっさりロシアについてしまいました。

しかし日清戦争に勝ち、せっかく朝鮮から清を追い出した日本にとっては、そんな理由で約束を反故《ほご》にされてはたまったものではありません。怒った日本は、一八九五年十月、赴任したばかりの三浦梧楼《ごろう》公使が手下を連れて王宮に乱入し、閔妃を殺害しました。

このとき殺されたのは、閔妃一人です。王宮には大勢の女官がいましたが、誰も殺されていません。顔も知らない日本人が閔妃だけを狙って殺害できるはずがなく、おそらく日本をそそのかしたのは大院君だろうというのが私の考えです。でなければ説明がつきません。政敵である閔妃に対抗するために、大院君はしょっちゅう日本についたり清についたりを繰り返していたのです。

余談になりますが、閔妃は教科書にも載っている有名な写真が、最近になって本人でないことがわかりました。同じ人物が写った写真が学習院大学で見つかり、絨毯やカーテンなどの背景から、妓生《キーセン》や楽団など身分の低い人が利用した写真館で撮ったものだと判明しました（写真参照）。またイザベラ・バードの旅行記『朝鮮紀行』によると、写真の髪型は妓生のもので、閔妃は普通の平たい髪をした華奢《きゃしゃ》な女性だったということです。それがなぜ日本にとって重要かというと、三浦公使と手下たちは、この写真を手にして乱入し、閔妃を見分けて殺した、ということになっているからです。すべてあとの作り話です。

閔妃が殺害された後、夫の高宗はロシア公使館に逃げ込み、親日改革派を殺害しました。朝鮮を抱き込んだロシアは、日本が仮契約をしていた京仁鉄道の敷設権を反故《ほご》にしたうえ、標準軌で計画していた朝鮮の鉄道をシベリア鉄道と同じ広軌へと変更させました。これはロシア軍がシベリア鉄道を通り、そのまま釜山までこられるということを意味します。

朝鮮の閔妃と言われてきた写真だが、妓生を撮る写真館で撮ったものだった

妓生や楽隊が同じ写真館で撮影
（絨毯やカーテンが同じものである）

しかし朝鮮の鉄道の敷設権は、当初アメリカ人やフランス人に許可を出したものの、資金調達の困難などにより、最終的には日本が敷設権を得て、渋沢栄一らの努力で鉄道株式会社が設立されました。

一八九九年、仁川と永登浦間が開通し、一九〇〇年に京仁線が完成しました。京釜線が完成したのは、日露戦争の最中の一九〇五年一月でした。

この間の一八九七年に、高宗が国号を「韓」と改め、ここから大韓帝国になります。日清戦争で日本が勝ち、清朝の宗主権がなくなったことで、韓国は初めて皇帝号を名乗ることになります。これは、もう清朝の家来ではないという事実上の独立宣言でした。

義和団の乱が満洲に飛び火して日露戦争へ

一八九九年、秘密結社の義和団が山東省で「扶清滅洋《ふしんめつよう》（清を扶《たす》け、洋を滅す）」を唱えて蜂起しました。一九〇〇年に二〇万人の団員が北京に入り、清国がこれを義兵として歓迎し、列強に宣戦布告をしたので、これ以後、北清事変となります。

義和団は北京の公使館区域を包囲し、日本を含む八カ国連合軍が天津から進軍して解放するまで、五五日間の籠城戦が繰り広げられました。連合軍一万九七〇〇人のうち日本軍は最多の九七五〇人でした。

義和団の乱が、いちばん激しく飛び火したのが満洲でした。満洲に移住した漢人たちの郷里、山東で起こった義和団運動の報せが一八九九年秋に満洲に伝わると、鉄道工事妨害の小競り合いは清国正規軍も巻き込んだ外国人排斥の大暴動となって、鉄道の組織的破壊が始まりました。このときロシアの陸軍大臣クロパトキンは、「願ってもない好機だ、これで満洲を抑える口実ができた」とウイッテに語ったといいます。

こうして東清鉄道の保護をうたい、一七万七〇〇〇人のロシア軍が、六方面からいっせいに満洲に侵攻しました。そのはじまりとなったのが「アムール河の流血事件」です。ロシア軍は、一九〇〇年七月、ロシア領ブラゴヴェシチェンスクに住んでいた清国人三〇〇〇人を虐殺してアムール河に投げ込み、さらに対岸の清国領の黒河鎮と愛琿城を焼き払い、避難する市民を虐殺しました。

ロシア軍はここから、八月にチチハル、九月に長春、吉林、遼陽、十月には瀋陽を占領していきます。その殺戮《さつりく》はすさまじく、ロシア軍の満洲制覇が完了した一九〇〇年末、それまで敷設されていた東清鉄道線路一二〇〇キロのうち三分の二が破壊されていたといいますが、ロシア軍がどれだけの数の現地人を殺害したかは、あきらかではありません。

一九〇二年、ロシアの進出に脅威を覚えたイギリスは、日本と日英同盟を結びます。義和団事件にさいして日本人が極めて勇敢で規律正しかったことから、イギリスは日本を同盟相手に選んだのでした。

日英同盟が締結された二カ月後の一九〇二年四月、ロシアは三期に分けて満洲から撤退するという満洲還付条約を清国と結び、第一期の撤兵は実行されました。ところがロシアは第二次撤兵をしないどころか、一九〇三年に朝鮮の竜岩浦《りゅうがんぽ》を租借し、鴨緑江を越えて森林伐採事業をおこなうようになります。

日本側は、ロシアは満洲、日本は朝鮮の特殊権益を相互に認める方針を何度もロシアに伝えますが、ロシアは朝鮮の軍事利用の禁止と北緯三九度以北の中立化を繰り返すだけで、不誠実な態度に終始しました。

一九〇四年一月の御前会議において、大山巌《おおやまいわお》参謀総長は開戦を進言しますが、明治天皇の和平の意思により、再度ロシアに口上書を送付し、回答を督促しました。しかしロシア政府は回答に応じないばかりか、ひそかに極東の軍備増強を開始しました。

満洲各地でロシア部隊の移動や陣地の構築などが報告され、シベリア鉄道もまもなくウラジヴォストークまで通じる予定で、そうなればモスクワから、兵士や武器が大量に送られてきます（実際に、開通したばかりのシベリア鉄道は、日露戦争の最中に日本の予想をはるかに上回る一三〇万人を極東に運んだのです）。

もはや一刻の猶予もないと判断した日本は、二月六日、駐露公使の栗野慎一郎《くりのしんいちろう》がロシア政府に日本政府の決意を通告し、首都ペテルブルグを退去、同日、駐日ロシア公使ローゼンも東京を去ります。二月八日、東郷平八郎率いる連合艦隊が旅順のロシア艦隊を奇襲して、日露戦争が始まりました。

日本海海戦の完全勝利で日露戦争に辛勝した日本

日本の陸軍先遣部隊二三〇〇人が朝鮮半島の仁川に上陸し、主力部隊は仁川から鴨緑江を渡りました。一方、遼東半島に上陸した部隊は、南山で勝ち、遼陽でも勝ちました。しかし、南山での戦死者は四三八七人、遼陽会戦における戦死者は五五五七人にのぼりました。

翌一九〇五年一月一日、日本軍は旅順を攻撃しましたが、作戦指導の不適切から、戦死一万五四〇〇人、負傷四万四〇〇八人にのぼりました。ロシア側死傷者は三万一三〇六人だそうです。

さらに黒溝台会戦で死傷者九〇九七人、最後の陸上決戦となった三月の奉天会戦では、戦死者一万六五五三人、負傷者五万三四七五人、捕虜四〇四人に達しました。この会戦でのロシア側の戦死者は八七〇五人、戦傷者五万一三八八人、失踪《しっそう》二万九三三〇人（うち捕虜二万一七九一人）です。戦死者は日本がロシアの二倍でした。日本は、総計一二万八〇〇〇余人の戦死者（靖国神社の祭神は八万八四二九柱）と多くの負傷者を出し、弾薬は底をつき、第一線部隊を指揮する幹部将校の多くが倒れたのです。

日本は和平交渉の道を探り始めましたが、ロシアには講和に応じる気配はまったくありませんでした。太平洋に向かっているバルチック艦隊が、日本艦隊を撃破して制海権を奪えば、満洲の日本軍への補給が遮断でき、勝利の女神はロシアに微笑むと期待していたのです。

しかし、東郷艦隊は、バルチック艦隊を発見するや、艦隊を構成していた八隻の戦艦中六隻を撃沈、二隻を捕獲、巡洋艦九隻中三隻を沈め、二隻を自沈させました。この日本海海戦は、海戦史上、例をみない完全勝利でした。

一九〇五年九月、アメリカのセオドア・ルーズベルト大統領の斡旋《あっせん》で、小村寿太郎とウイッテにより、ポーツマスで日露講和条約が結ばれました。日本はこれによって韓国の保護権、南樺太、遼東半島、東清鉄道南満洲支線（南満洲鉄道）の経営権、沿海州の漁業権を獲得しましたが、一二億円の戦費賠償要求を拒否され、樺太北半分は無償返還させられました。

また同年十二月二十二日には、清との間で日清条約が調印されました。これによって日本が獲得した満洲に関するおもな権益は、

一、関東州の租借権
二、長春～旅順・大連間の鉄道経営とそれに付随する権利
三、安東～奉天間の鉄道経営権
四、鴨緑江流域での木材伐採権

などでした。

一九〇七年には、満洲における軍政が放棄され、清は、奉天、吉林、黒龍江に省を設置し、各省に巡撫《じゅんぶ》という地方長官を置きました。これが現在の中国東北三省の起源です。

日露戦争のさい、王朝発祥の地である自国領の満洲でおこなわれた戦争であったのに、清国政府は「局外中立」を宣言しました。もし日露戦争で日本が勝利していなければ、満洲はロシア領になっていたでしょう。

日本はこれから後、満洲を、日清、日露の戦争で日本人の「十万の英霊、二十億の国帑《こくど》（国庫金）」によって贖《あがな》われた大地とみなし、日本の権益の及ぶ特殊地域と考えるようになっていくのです。

日露戦争が世界の歴史を大きく変えた

日露戦争では、アメリカはイギリスと共に日本を後押ししていましたが、日本があまりにも見事に勝ってしまったので、アメリカは日本を潜在的敵国として見るように一八〇度転換していきます。その変わり目がポーツマス条約だというのは、よく知られたことです。

実際、セオドア・ルーズベルト大統領と海軍の戦略家アルフレッド・マハンの往復書簡などを見ると、この二人が日本やドイツを潜在的敵国として危険視していたことがわかります。で

原爆や東京大空襲の記憶がいまも人々の心の中に残っているからです。日本が戦った相手も同様だというように考えられないのは、想像力の欠如以外のなにものでもないのです。

日本が韓国を併合せざるをえなかった理由

時間の針を少し戻して、日露戦争前後の朝鮮半島の動向を整理しておきます。日露戦争直前、韓国皇帝は中立声明を出します。日本とすれば「あのねえ、何それ」です。もとはといえば、朝鮮がしっかりしないから、ロシアが出てきたわけです。それにもかかわらず中立を宣言するとは、ロシアの味方をすると言っているも同然です。

それに腹を立てた日本は、一九〇四年二月、日韓議定書に調印します。その内容は、

一、韓国政府は日本政府の施政改善の忠告を受け入れる

二、日本は韓国皇室の安全を保障する

というもので、平たく言えば、韓国皇帝の身の安全は保障するから、戦争の邪魔をするなということです。

八月に第一次日韓協約で、韓国の外交は日本が担当となります。つまり、勝手にロシアと組

むなと、さらに釘をさした形です。それだけ日本は韓国という国を信用していませんでした。それまでの高宗の言動を見ていれば当たり前です。

一九〇五年の日本海海戦で日本が勝利すると、アメリカは同年七月、桂＝タフト協定を結んで、日本の韓国支配を認めます。代わりに日本もアメリカのフィリピン支配を認めるというのが交換条件でした。

同年八月には第二次日英同盟で、イギリスも日本の韓国支配を認めます。これも日露戦争の敗戦でロシアのインド方面への進出を恐れたイギリスが、日本の韓国支配を認めるから、条約の適用範囲にインドを加えてくれというものでした。どちらも帝国主義国同士の条約ですが、日本は開国からわずか五〇年で英米という列強と肩を並べるまでになったのです。

同年十一月に調印された第二次日韓協約（韓国保護条約）では、韓国と列国の外交は東京でおこなわれ、韓国内の在外外交機関はすべて廃止となりました。放っておくと、また何をしでかすかわからない。だから、外交権を取り上げ手足をもぎ取って勝手なことをさせないようにしたのです。このときすでに日本は、韓国に対し莫大な国費をつぎこんでいます。一九〇七年度の韓国の国家歳入は七四八万円、歳出は三〇〇〇万円以上で、差額を日本が補塡《ほてん》しました。

ところがそのような中で一九〇七年六月、韓国皇帝の高宗が、オランダのハーグで開催中の万国平和会議に密使を送り、日本を非難し、列国の支持を求めるという事件を起こしました。しかし、すでに日本と協定や条約を取り交わしているイギリスやアメリカ、オランダは韓国を相手にせず、ロシアも動きませんでした。

これを知った韓国統監の伊藤博文は、背信行為に怒り、責任を追及して高宗を譲位させました。七月に調印された第三次日韓協約では、韓国政府は、法令制定、重要行政処分、高等官吏任免に、日本人統監の承認を必要とするということが盛り込まれました。これから日韓両国人による裁判所新設、監獄新設がおこなわれ、日本人多数が韓国官吏に任命されるようになります。

一九〇九年六月、伊藤博文は韓国統監を辞任しましたが、同年十月に満洲のハルビン駅頭で安重根《あんじゅうこん》に暗殺されてしまいます。最近、安重根ではない刺客がいたという説がでてきましたが、安重根も伊藤を狙ったことは確かです。

これ以上、どんな手を打ってもどうにもならない。ならば、いっそのこと日本に取り込んでしまえと突き進んだのが一九一〇年の日韓併合でした。

果たして、それがよかったのか。伊藤博文はもともと日韓併合には反対でした。韓国は違う国なのだから、日本人があれこれ口を出すのはいいが、日本人が責任を持つのではなく、最後は現地の人間にさせるべきという考え方でした。後藤新平も満洲併合には反対していました。

併合を強くあと押ししたのは、おもに日本の下層階級の武士出身者たちでした。自分たちもこんなに自由に発言できるようになったのだから、隣の国の人たちもそうなったほうが幸せにちがいないと、善意で出ていったのです。

しかし、善意とは誰のためのものなのでしょうか。そのような思い込みに惑わされず、政治はリアリストに任せるべきなのです。

ロシアから租借した関東州と満鉄の創業

ポーツマス条約で日本がロシアから租借権を正式に譲り受けた遼東半島南部三三六七平方キロの土地を、日本は関東州と呼びました。関東とは、万里の長城の東端で渤海に注ぐ山海関の東、関所の東という意味です。日本で箱根の関の東を関東、近江の逢坂の関の西を関西というのと同じです。関東州の租借の期限は、一八九八年の露清間で結ばれた露清密約では二五年でしたが、一九一五年、日本が袁世凱に提出した二十一カ条要求の第二号「南満洲及び東部内蒙古に関する条約」で、九九年に延長されました。

日本が清国から獲得した権益は、ロシアから引き継いだものでしたが、ロシアは一九〇〇年の義和団事件以後、事実上、満洲を占領していました。日本もロシアにならい、日露戦争に勝ったあとも満洲で占領地行政を続けていましたが、英米と清国から不信を招き、抗議を受けることになります。

そこで、一九〇六年八月、日本は軍政を廃止し、遼東半島の租借地に関東都督府が置かれました。この決定には、新たに韓国統監に就任した伊藤博文による「満洲方面における日本の権利は、講和条約によって露国から譲り受けたもの、すなわち遼東半島租借地と鉄道だけである。満洲は決して我が国の属地ではない。純然たる清国領土の一部である。属地でもない場所にわが主権がおこなわれる道理がない」という軍部への説得が大きく影響しました。

またロシアから獲得した満洲の権益は、新たに設立される鉄道会社が引き継ぐことになりました。

満鉄は、一九〇六年六月に公布された勅令「南満洲鉄道株式会社設立の件」に基づいて、半官半民の株式会社として設立されました。初代総裁には台湾統治で実績を上げた後藤新平が就任しました。資本金は二億円で、日本政府出資の一億円は現物支給、つまりロシアから譲渡された鉄道そのものと撫順《ぶじゅん》と煙台《えんだい》の炭坑で、そのほかは一銭も出していません。一九〇六年の日本国家予算の四億余円に対して、日露戦争中の臨時軍事費は一七億余円、戦争関係費用あわせて二〇億円近くにのぼっていて、英米市場で調達した外債は一〇億円を超えていました。国庫にさらなる出費の余裕はまったくありませんでした。

残りは株式発行でまかない、同年九月におこなわれた満鉄の株式募集にはおよそ一〇〇〇倍の応募が集まりました。その後、満鉄はロンドンで社債を発行して、別に二億円を調達しています。

満鉄の事業は、「鉄道の運輸業」と「鉄道の便宜のための付帯事業」の大きく二つに分けられます。鉄道は長春郊外から大連間を結ぶ鉄道と、日露戦争中に物資輸送のために建設された安奉線（朝鮮国境の安東と奉天間の軽便鉄道）の二路線がありました。安東は、北朝鮮と中国の国境にある町、いまの丹東です。

付帯事業とは、鉄道付属地の経営で、炭鉱開発、製鉄業、港湾、電力供給、農林牧畜、ホテル、航空会社と、その他なんでもしました。事実上、鉄道付属地という名の植民地経営であり、これを後藤新平は「文装的武備」と表現しました。

そのほか大連、奉天、長春（のちの新京）などの近代的都市計画を進め、上下水道、電力、ガスの供給、港湾、学校、病院、図書館などの整備も進めました。満鉄はその後、大連汽船、大連電気鉄道、満洲電機株式会社と南満洲瓦斯株式会社も設立し、大コンツェルンをつくっています。

後藤新平が初代総裁に就任したのは、陸軍大将の児玉源太郎の強い推挙があったからでした。児玉が台湾総督を務めた間、その下で民政長官として活躍した後藤の実績を高く評価したからですが、後藤は児玉の誘いを最初、固辞しています。しかし満鉄設立委員長に任命された直後に児玉が急逝し、遺言になってしまったので、後藤は満鉄総裁になることを引き受けます。

そのときの条件として、日本政府職員が在官のまま満鉄社員になることを後藤は挙げました。そうでなければ、優秀な人材は満洲には集まらない。満洲で仕事をして、帰ればもとの地位に戻れるという確約がなければ行ってくれないということで、後藤はそれを日本政府に認めさせ、初年度に二四六人の官吏が満鉄に入社しました。これは正社員の八・三パーセントに相当します。

満鉄創業時、満洲在勤者には、額面で本俸の倍の給料が与えられました。優秀な人材と恵まれた待遇をバックに、満鉄は発展していきました。

第六章　日本はなぜ満洲国を建国したのか

日本の満洲開発と満洲の日本人

日露戦争直後の一九〇七年、ハルビンに領事館が開設されたとき、日本人は六〇〇人しかいません。日露戦争後に満洲に来た日本人は関東都督府官吏や満鉄社員がほとんどで、これら在住日本人を相手に商売をする民間の日本人が移り住むようになります。

当時、日本人の居住が合法的に認められた場所は関東州、満鉄付属地、領事館管轄の開放地だけでした。日本の満洲経営は関東都督府、領事館、満鉄の三機関でおこなわれ、三頭政治と呼ばれました。関東都督府は一九一九年に廃止され関東庁になりますが、このとき都督府陸軍部が独立して関東軍になりました。はじめから関東軍があったわけではなく、もとは鉄道守備隊を一キロにつき一五名配置できるというポーツマス条約にもとづき、ロシアから譲渡された七六四キロの鉄道に相応した、一万四四一九名の守備兵でした。

一九一〇年代、満鉄の日本人社員は一万から二万人でした。日本で満鉄に入社して外地へ赴任するというのが普通で、家族もついていきました。社員には、セントラルヒーティングや水洗トイレが完備された最先端の社宅が用意され、ちょうど満洲人が満城をつくったような形でかたまって住んでいました。

関東都督府は開設当初が三四二一人で、一九二六年には六三三一人、領事館には数百人の日本人しかいませんでした。

一九一五年に二十一カ条要求が調印され、満洲と東部内蒙古に日本人の自由な居住と農業や商工業に使う土地の「商租」が認められると、一九二一年には在満日本人は一六万六〇〇〇人に増え、一九二六年には一九万人に増えました。そのうち満鉄社員と家族が六万八〇〇〇人で、関東庁の職員が二万二〇〇〇人でした。

満洲の人口統計は古い時代のものは存在せず、日露戦争前の一九〇四年に一〇〇〇万から数百万人だったと言われていますが、まだ戸籍をつくっていないので、雑駁《ざっぱく》な数字しか残っていません。そして辛亥革命時の一九一一年に一八〇〇万人、一九一五年に二〇〇〇万人になりました。

辛亥革命は清軍によるクーデターだった

日露戦争のあと、南満洲で日本の開発が進むなか、シナで辛亥《しんがい》革命が起こります。一九一一年十月、シナの南、湖北省で、日本の陸軍士官学校出身の将校たち、つまり、日本に留学して近代的な軍隊の訓練を受けた清朝の地方軍の長官たちが、清朝に対して反乱を起こしました。これを辛亥革命と呼んだのは日本の新聞で、中国語では「武昌起義《ぶしょうきぎ》」と言います。

一九一二年一月一日には、清国にもとからあった一八省のうち、湖南省、陝西省など一四省が独立を宣言し、孫文を臨時大総統に選んで、中華民国臨時政府が誕生しました。とはいえ、北京を取り巻く直隷省や河南省や山東省、一九〇七年にできたばかりの遼寧、吉林、黒龍江の東北三省、さらにモンゴル、チベット、新疆などの藩部、それから列強も清を承認していました。

清朝は、一九〇八年、光緒《こうしょ》帝が亡くなった翌日、西太后《せいたいこう》が三歳の溥儀《ふぎ》を次の皇帝と決めて亡くなったあと、摂政となった溥儀の父親は凡庸な人で、袁世凱《えんせいがい》の権力が大きくなりすぎることを危険視し、職を解いて隠居させていました。しかし、南方で革命が起こったため慌てて呼び戻して内閣総理に任命し、袁世凱は革命の討伐に向かいます。

袁世凱の北洋軍が清で一番強い軍隊で、南の革命軍は、もともと清朝の地方軍だったわけですから、これは軍のクーデターだったのです。しかし、このまま南北で戦争が起きたら、そのすきに諸外国に各地を略奪されるのは目に見えています。袁世凱は日清戦争のときに朝鮮に赴任していて日本のことをよく知っていましたし、孫文もイギリスやアメリカにいたので、情勢をよく理解していました。そこで孫文は袁世凱と話し合い、もし清朝を平和裏に終わらせてくれるならば、大総統の位を譲ると密約をしたのです。

それで袁世凱は、自分を総理に任命してくれた六歳の皇帝溥儀と父親の摂政に対して、生涯皇帝の称号を名乗ってもよい、民国政府から外国君主と同等の待遇を受ける、民国政府は毎年四〇〇万元の年金を皇帝に支出する、生涯紫禁城で暮らしてもよい、清の宗廟《そうびょう》も皇室の私有財産も保護する、という優待条件を示して退位するように求めました。こうして、一九一二年二月十二日、宣統帝溥儀は退位し、清朝は滅びました。革命ではなく禅譲《ぜんじょう》によって、清朝は平和裏に中華民国になったのです。

辛亥革命がもし皇帝溥儀を殺していたら、その時点で、満洲とチベットとモンゴルがすぐに離反したでしょう。袁世凱は北洋軍しかもっていませんので、今度は彼が清朝の八旗兵やモンゴル兵など、正規軍すべての敵となって殺されたはずです。袁世凱が清朝皇室に優待条件を示したのは、そういう実際的な判断とともに、中華民国の総統の地位自体が、清朝皇帝を継承しているという正統性を必要としたからです。

袁世凱は、日・英・仏・独・露から二五〇〇万ポンドにおよぶ借款を受け取り、議員を買収して正式の大総統に就任します。さらには皇帝になることを宣言しましたが、内外の批判を受けて、在位八三日で民国の称号に復し、一九一六年、失意のうちに病死しました。袁世凱の死後、中華民国は軍閥闘争で四分五裂します。一九二四年、溥儀は、袁世凱の出した優待条件を反古《ほご》にした馮玉祥《ふうぎょくしょう》から紫禁城を追い出されて日本公使館に避難しました。その後、一九三二年に成立した満洲国の執政となり、一九三四年に皇帝となるのです。

ロシア革命とコミンテルンが中国の反日ナショナリズムを生む

ほとんど唯一の実力者だった袁世凱が病死し、中国国内で軍閥が群雄割拠するようになると、今度はロシアで、一九一七年に革命が起こります。このロシア革命が一九一九年の五・四運動や一九二四年の国共合作につながって中国にも大きな影響を与えていきますが、その裏にはコミンテルンの工作があったとみて、まず間違いないでしょう。

ロシア革命に成功したソヴィエト・ロシアは、帝政ロシアが中国に持っていた利権をすべて放棄すると、まずは甘い言葉を投げかけて中国にすり寄っていきました。一九一九年七月のカラハン宣言では、帝政ロシアが締結したすべての秘密条約を破棄し、中東鉄道（かつての東清鉄道）の権益を無条件で中国に返還するとしました。これは日露戦争後に日本と結んでいた秘密条約をばらして、中国人を抗日に向かわせるための策略でした。

一九一九年一月から開かれたパリ講和会議に、中国は第一次世界大戦の戦勝国として参加します。実際に戦闘はしていませんが、最後の最後に参戦していたことを持ち出して、「中国は戦勝国だから、敗戦国ドイツの権益である山東の利権は中国に返還せよ」と主張したのです。しかし訴えは退けられ、ドイツの権益は日本が引き継ぐことになりました。これが中国人のさらなる反日を招く結果となります。

またパリ講和会議は、アメリカのウィルソン大統領が「民族自決」を提唱した会議でもありました。ウィルソンはすでに一九一八年の議会で「秘密外交の撤廃」「民族自決」などを含んだ十四カ条の平和原則を公表していました。しかしウィルソンの民族自決は、ロシア革命により東ヨーロッパがソ連に入ってしまうことを恐れて民族の自決を促したもので、アジアの民族運動のことなどまったく考えていません。その証拠に、アメリカは自国の植民地であるフィリピンを締めつけています。それなのに「アメリカが味方してくれる」と勇気づけられた中国や韓国に民族運動が広がっていきます。

こうした抗日感情の高まりと民族運動、さらに二十一カ条要求に対する反日運動があいまって、一九一九年、中国初のナショナリズムである五・四運動が起こったと一般には説明されていますが、この解釈には少々無理があります。二十一カ条要求があったのは一九一五年で四年も前のことですし、その間は、ごく一部の抗議しかありません。中国初のナショナリズムというのも、中国にはまだこの時期、民間の工場はなく労働者もいませんから、共産党のためにするプロパガンダにすぎません。五・四運動は、その直前の三月に世界同時革命を目指すコミンテルンが誕生していることを考えても、かれらが仕組んだ反政府運動に違いないでしょう。

この一九一九年を境に、中国人の考えががらりと変わりました。孔子をはじめとする過去のものはすべて封建的で悪いとされ、それまで中国の近代化に日本が果たした役割も完全に否定されてしまいました。

ソ連成立後、工作を受け入れた孫文が国民党と共産党を合作

孫文は、他の漢人から差別されていた客家《はっか》出身で、華僑となってハワイで英語を学び、香港で医師の資格を取得しました。「四書五経」は読みませんので、彼のような人は「読書人」とは言わずに、「文化人」と呼びます。

孫文は中国国内には地盤がなく、資金も人材も日本に頼っていました。日本の援助で、辛亥革命以前に孫文が起こした革命は、一〇回ともすべて失敗しています。いずれも広東、あるいは仏領インドシナとの国境地帯といった南方の客家が多くいるところばかりで、北京まで到達することができなかったのです。

一九二一年に中国共産党を結成したソヴィエト・ロシアとコミンテルンは、中国のような後進地域において、ただちに共産党の勢力を強大にすることはできないと予見しました。そこで、

コミンテルン代表のマーリンは、共産党創立大会に出席したあと、すぐに孫文に会い、共産党との合作を説得したのです。

孫文は、それまでの三民主義（民族、民権、民生）と共産主義は思想的に異なるにもかかわらず、ソ連の申し出を承諾します。日本の援助が得られなくなったので、ソ連と連携する道を選んだのです。一九二二年、中国共産党はコミンテルンの意を受けて国共提携の方針を決め、共産党員はそのまま国民党に入党しました。国共提携といっても、当時は共産党の力はほとんどなく、国民党に金を出すから共産党を目こぼししろ、共産党員を殺さないで吸収してくれ、というソ連からの圧力だったのです。

一九二三年一月にはソ連代表ヨッフェが孫文と会見し、中国にソヴィエトの制度を移すことは不可能という共同宣言をおこないました。孫文はソヴィエト路線にもとづく国民党再編成に着手し、革命軍を編成するための準備として、蔣介石《しょうかいせき》を三カ月間ソ連へ派遣しました。蔣介石は帰国後の一九二四年、広州黄埔《こうほ》の陸軍軍官学校の初代校長となります。この学校には周《しゅう》恩来《おんらい》も政治委員として派遣されていました。

ソ連の援助のおかげで、一九二四年一月、広州で国民党第一次全国代表大会が開かれます。そしてここで、「連俄《れんが》（ソ連と提携する）、容共《ようきょう》（共産党員の国民党加入を許す）、扶助農工《ふじょのうこう》」が決議されました。これが第一次国共合作です。

このあと孫文は北伐を宣言しますが、中国各地の軍閥闘争はいよいよ激しくなり、一九二五年三月、「革命いまだならず」と遺言して、北京で病死しました。

蔣介石の北伐が成功し、満洲が国民政府の統治下に入る

国共合作によって改組された国民党には中央執行委員のなかにも共産党員が入っており、党の要職は共産党員で占められました。コミンテルンの援助はますます積極的になって、一九二五年には、五・三〇事件と呼ばれる、日系やイギリス系の紡績工場のストライキに始まる反帝国主義の労働運動が沿岸各都市に波及しました。

国民党のなかでの共産党の勢力が大きくなるなかで、蔣介石は軍事上の実権を掌握し、左派および共産党と対立するようになります。

一九二七年、北伐に出た蔣介石率いる国民革命軍が南京を陥落させたとき、英米宣教師殺害事件が起こりました。揚子江上に待機していた英米の軍艦が、居留民保護の名目で一斉に南京城内を砲撃し、ソ連の勢力拡大を嫌った英米仏日伊の五カ国は、蔣介石に抗議しました。

同年四月、上海の労働者が武装蜂起すると、蔣介石はついに反共クーデターを起こし、共産党員や労働組合の活動家をいっせいに逮捕しました。左派の武漢《ぶかん》政府も共産主義者を除名することを決議して、ここに国共合作は破綻します。このとき共産党員六万人の一〇分の一が粛清され、党員は各地に離散しました。

蔣介石が北伐を開始したとき、北洋軍閥は、張作霖《ちょうさくりん》を総司令にして革命軍に対抗しようとしました。張作霖の奉天軍のバックに日本がついていると期待されたからです。しかし張作霖が率いる軍は、蔣介石の北伐軍に連戦連敗したため、革命軍の勢力が満洲にまでおよぶことをおそれた日本政府は、張作霖と奉天軍に満洲への引き揚げを勧告しました。同時に日本は北伐軍に圧力をかけて、満洲にまで追撃しないように約束させました。

日本としては、満洲が国民党の支配下に入るのはどうしても避けたかった。そのため山東出兵というデモンストレーションをして、張作霖を助けたのです。「万里の長城の南は諦《あきら》めろ。満洲だけならなんとかなる」と日本は張作霖を説得します。ところがその帰途で張作霖は爆殺されてしまうのです。

蔣介石は、第二次山東出兵をおこなった日本の妨害にあったものの、一九二八年六月八日に北京を占領しました。国民革命軍の青天白日旗《せいてんはくじつき》が北京の空になびき、北京は北平《ほくへい》に、直隷省は河北省になりました。

一方、父の地位を継いだ張学良は、東北軍閥として生きる道を捨てて蔣介石の北伐軍と講和します。張学良を蔣介石は東北辺防総司令官に任命し、こうして満洲は一夜で国民政府の統治下に入ったのです。

張学良の排日運動が満洲事変の原因

中国のナショナリズムが始まったのは、一九一九年の五・四運動からです。それまで南方の漢人にとって万里の長城の北の満洲は異国でした。ところが、ロシア革命とウィルソンの民族自決の思想により、清朝の領域はすべて中国なのだから、外国人を追い出せという国権回復運動がこのあと満洲でも始まります。

張作霖の死後、二七歳で満洲の実権を握った張学良は、激しい排日運動を展開します。満鉄に対しては、二本の並行線を敷設、武装警官が日系の工場を襲って閉鎖を命じ、設備を破壊したり、鉱山採掘を禁止して坑道を壊したりしました。

張学良はまた、一九二九年七月に北満鉄道を強行回収したため、ソ連が国交断絶を通告し、ソ連軍が満洲里に侵入して満洲各地を占領するという結果を招いています。日本の関東軍が満洲にいたからソ連は講和に応じたようなものです。

張学良政権の日本に対する国権回収運動の目的は、一九一五年五月に袁世凱政府との間に結んだ二十一カ条要求の第二号「南満洲および東部内蒙古に関する件」の取り消しでした。条約を無効とするなら、日本がロシアから継承した旅順・大連の租借権は、本来一九二三年で期限切れになるはずであるとして、「旅大回収運動」がくりひろげられました。

清朝最後の皇帝溥儀が紫禁城から追い出された事件にしても、「別の人間が結んだ約束など、俺は知らん」というのが中国です。一九〇五年以来すでに四半世紀もの間、日本が現地に営々と続けてきた投資に対する補償などという考えはありません。外国との条約を反古にするのが当たり前というのは、国家意識がないということです。

張学良は日本人への土地商租権を、中国侵略の手段であり領土主権の侵害であるとして、日本人に対する土地貸与を、売国罪、国土盗売として処罰する「懲弁国賊条例《ちょうべんこくぞくじょうれい》」を適用し、一九二九年には「土地盗売厳禁条例」「商租禁止令」など六〇におよぶ法令を発して、土地・家屋の商租禁止と、以前に貸借した土地・家屋の回収をはかりました。これによってもっとも苦汁をなめたのが、在満朝鮮人でした。

いまの韓国はこういう事後法、遡及法《そきゅう》を真似していると思います。日本の企業に対する中国の戦後賠償訴訟も、だいたい同じことをしています。当時はなかった法律で訴えるのです。国際法的には違反ですが、そんなことはおかまいなしです。

張学良の運動は、森林伐採権、鉱山採掘権などの否認、東三省における関東軍の駐兵権を条約上無効とする撤兵要求、満鉄の接収などエスカレートするばかりで、日本の満蒙権益は追いつめられていきました。そのため、窮状を打破するには武力による解決もやむなしとの機運が、陸軍ことに関東軍をおおっていったのです。

満洲事変から満洲国の建国へ

一九三一年九月十八日、関東軍は奉天郊外の柳条湖《りゅうじょうこ》で満鉄線路を爆破し、中国軍に責任転嫁をして総攻撃を始めました。満洲事変の勃発です。

一万数百人の関東軍は、奉天、営口、安東、遼陽、長春など南満洲の主要都市をたちまち占領しました。さらに独断越境した約四〇〇〇人の朝鮮軍の増援を得て、陸軍中央や日本政府の事変不拡大指示にもかかわらず、管轄外の北満洲に進出しました。十一月には馬占山《ばせんざん》軍との激しい戦闘の結果、黒龍江省の省都チチハルを占領し、翌一九三二年二月のハルビン占領によって、東三省を制圧するに至ります。

一〇万以上とも二五万とも四〇万ともいわれる張学良の東北軍は、主力の一一万は張学良とともに長城線以南におり、残留部隊も各地に散在していました。北平（北京）にいた張学良は、蔣介石の方針により、東北軍に不抵抗・撤退を命じました。当時、蔣介石率いる国民党は、全力を共産党包囲掃討作戦に集中しており、国内統一を最優先課題としていたのです。

ソ連は第一次五カ年計画達成に余念がなく、関東軍がチチハル、ハルビンを占領したにもかかわらず、中立不干渉を声明しました。これが関東軍の発言力を高め、のちに陸軍中央や日本政府が現地解決を認める方針におちいる一因となりました。さらにアメリカとイギリスは経済恐慌からまだ回復していなかったため、関東軍の軍事行動が思いのほかスムーズに進んだのです。

一九三二年二月十六日、奉天に張景恵《ちょうけいけい》、臧式毅《ぞうしきき》、熙洽《きこう》、馬占山の四巨頭らが集まって、東北行政委員会が組織されました。三月一日、かれらのほか、熱河省の湯玉麟《とうぎょくりん》、内モンゴル哲里木《ジェリム》盟長の斎黙特色木丕勒《チメトセムピル》、ホロンブイル副都統の凌陞《リンシェン》を委員とし、張景恵が委員長を務める東北行政委員会が満洲国の建国宣言をおこないました。これにともない、前年十一月に土肥《どひ》原《はら》賢二・奉天特務機関長によって天津の日本租界から連れ出されていた清朝最後の皇帝溥儀が、執政という名の元首につきました。

国体は民本主義、国旗は赤・青・黒・白・黄色の新五色旗、年号を大同、首都を新京（長春）と定め、王道楽土の建設と五族協和を綱領としました。この五族は、漢人・満洲人・モンゴル人・日本人・朝鮮人ですが、満洲国の「五族協和」は、清朝の満・漢・蒙・蔵・回を起源とする、中華民国の「五族共和」をあきらかに意識していました。

一九三四年三月に執政溥儀は皇帝に就任し、満洲帝国が成立しました。このとき年号は康徳と改められ、溥儀の紋章は、日本の皇室の菊のご紋章にならって、蘭花紋となりました。

日本はなぜ満洲国をつくらなければならなかったのか

そもそも関東軍が一九一九年に独立の在満軍事機関として発足したのは、一九一七年のロシア革命と社会主義への脅威からだったということは、いまでは忘れ去られています。かれらの任務は、日露戦争で勝ち取った日本の権益を守るための、満蒙の治安維持でした。

朝鮮と満蒙にはすでに共産主義運動が広まっており、一九二八年から始まったソ連の第一次五カ年計画では、西部シベリアが開発され、特別極東軍も整備されつつありました。張学良が東支鉄道（かつての東清鉄道）を強行回収したことに端を発する一九二九年の中ソ紛争では、ソ連が新設したばかりの特別極東軍が、装備の近代化をすすめていた張学良軍を圧倒しました。

このとき「もしも日本が満蒙になんらの勢力を有していなかったならば、ロシア軍は恐らくいささかの躊躇《ちゅうちょ》もなく、北満一帯はおろか南満洲の武力占領もあえて辞さなかった」だろうと板垣征四郎は述べました。かれはさらに「満蒙の赤化は直ちに朝鮮の治安を乱し、朝鮮の治安が乱れれば日本内地の治安に影響す」ると考えたのです。

中国は依然として軍閥割拠がつづいており、南京の国民政府は実質的に満蒙を支配する実力がありません。中国全体の治安も悪く、また、日露戦争で日本が勝利しなければ、満蒙はロシア領になっていたはずで、この戦争に中国政府は何一つ貢献していません。それにもかかわらず、いまになって国権回復といって、「十万の英霊、二十億の国帑《こくど》」を費やして日本が得た正当な権益を攻撃し、日本人が長年にわたって開拓したものを無償で返せというのは許せない、と軍人だけでなく当時のふつうの日本人も考えたのです。

一方、有名な石原莞爾《かんじ》の満蒙領有論は、「日米開戦は避けることのできない世界史上の必然であり、支那問題、満蒙問題は対支問題に非ずして対米問題である。世界最終戦としての日米戦争を闘うつもりがないのなら、満蒙も必要でなく、軍備も放棄してしまったほうが、小手先で戦争回避の手段を弄《ろう》するよりはるかに日本のためである」というものでした。

石原はまた、このようにも言っています。「支那人がはたして近代国家をつくることができるかどうかはすこぶる疑問で、むしろわが国の治安維持のもとで、漢民族の自然的発展を期待するほうがかれらのために幸福であることは間違いない。満蒙は満洲人とモンゴル人のものであって、彼らは漢民族よりもむしろ大和民族に近い。日本の努力が減れば満蒙も中国と同じ混《こん》沌《とん》状態におちいるだろう」

満蒙は、革命の総本山ソ連に対峙する最前線でした。対ソ戦の観点から見れば、これまで日本が特殊権益を持つ南満洲、東部内蒙古にとどまらず、北満洲からソ連を追い払うことが必要である。この考えが、満洲国建国の原動力となりました。

関東軍ははじめ、満蒙領有計画を持っていましたが、満洲事変勃発からわずか四日後には、独立国家案へと後退しました。それは、陸軍参謀本部の反対が思いのほか強かったからです。

そこで石原は、国防を日本に委任し、鉄道・通信を日本の管理に委ねることを条件として、日本の保護下に満蒙を独立国家とするという解決策を出し、結局それが採用されることになったわけです。

満洲国をいまどう評価すべきか

歴史に善悪を持ち込んではいけないと、先に私は言いました。また、「イフ（もし～だったら）」は歴史ではない、ということも真実です。

けれども、本書の読者は、満洲事変と満洲国についての私の評価を知りたいに違いないということも理解できます。こういう本を書いている著者の立場としては、少なくとも感想を述べる責任というか義務があるでしょう。過去を取り戻すことはできませんが、過去から学ぶことはできるはずですから。

私はモンゴル史研究は四〇年以上してきましたが、満洲国について研究をはじめてからまだ二〇年も経っていません。専門家を名乗るのは躊躇を覚えます。まして日本の近代史はようやく勉強をはじめたところです。ですから、これから述べる意見が将来変わる可能性もあります。あくまで、いま現在の私の感想にすぎないということをお断りしておきます。

日本の関東軍が満洲事変を起こした一九三一年に、日本の権益は追い詰められていました。

「十万の英霊、二十億の国帑」を費やして日本が得た正当な権益を無償で返せというのは許せない、と大多数の日本人が考えたのもやむをえないことです。最初に言及したリットン報告書だってそれは認めています。

けれども、一九〇五年から四半世紀の間に、たとえ共産主義にあおられたのだとしても、中国にナショナリズムが生まれ、過去とは何もかもが変わってきていました。日本人が中国のその変化をきちんと理解したかというと、正面から向き合わず軽んじたのではないか、と思うのです。なぜなら、われわれの文化は伝統の維持を重んじるものだからです。

現地が別の国であり、別の文化であると、伊藤博文や後藤新平など日本の本当のエリートはリアリストですからわかっていましたが、関東軍の軍人のほとんどは、出世を果たしたという自分の成功経験にあぐらをかいて、自分たちのやり方は絶対に正しいと考えていただろうことは、十分に想像できます。

満洲国が建国されたことを多くの日本人が喜び、結局は日本国もそれを承認しました。そのせいで、軍人たちを増長させたことは確かです。だから軍主導で治安維持を言いつのって万里の長城を南に越え、支那事変を長引かせ、大東亜戦争にまでつながったと思います。政治力が弱かったと言わざるをえません。

リットン報告書に従い、表向きかれらの言うとおりにして、諸外国の言い分を取り入れながら、内実は日本の思うとおりにもできたのではないかと思いますし、たとえ満洲国建国を認められなくても、国際連盟を脱退する必要はなかったと私は思うのです。のらりくらりと言を左右に政治的にうまくたちまわるというくらい精神がタフでなくて、どうして国際社会で主導権が握れるでしょう。

このあと実例を見ていきますが、当時の満洲が日本人が考えるような国家でなかったことは事実です。でも同時に、私はここまで満洲の歴史を語り、そこが古来、満洲人とモンゴル人の土地であったと説明してきましたが、一九〇〇年からすっかり事情が変わったことも事実です。石原莞爾の言ったことは、半分本当で、半分時代の変化を理解できなかったということになります。もちろん、変化を知っていてあえて主張することは政治です。

ただし日本は、一旦満洲国を承認したあとは、全力でこれを応援しました。枠組みが決まり、国家の後ろ盾があれば、日本人はきわめて真面目《まじめ》で勤勉なのです。大局を考える指導的立場の日本人に人材が欠けていたことが悔やまれます。

激動する世界のなかでもっと上手に事を運び、日本軍ががまんして万里の長城を越えなければ、満洲国は存続し、そこで生きた人々にとっても、その後の共産主義下で生きるよりはましな人生だっただろうと私は思うのです。

日本人もソ連のせいでひどい目に遭いましたが、その他の民族すべてが苛酷《かこく》な運命を生きなければならなかったのだということを日本人に知ってもらいたくて、このあと第二部で民族別の歴史を調べて書きました。

第二部　五族から見た満洲

第一章　満洲族の故郷としての満洲

五族の歴史をたどるとそれぞれ違った満洲が見えてくる

満洲国の「五族協和」の五族は、ふつう満洲人・漢人・モンゴル人・日本人・朝鮮人と考えられていますが、満洲国時代のポスターによれば、ロシア人が入ることもあります。そもそも五という数字は、清朝が満洲人・漢人・モンゴル人・チベット人・ウイグル人の五族だったことから、中華民国が「五族共和」と言い、これに対抗して満洲国も「五族協和」と言っただけで、象徴的な意味合いしかありません。しかし、これらの民族それぞれの満洲における歴史をたどると、日本人から見た満洲とは違った満洲が見えてきます。

日本人に一番必要なのは、自分たちだけが間違っていた、自分たちだけが苦労した、というわけではないということを知ることではないかと私は思うのです。さまざまな民族の歴史を知って日本人の経験を相対化することこそが、日本人の視野を広げるためにも、世界史のなかでの日本や満洲国の歴史を考えるためにも、役立つに違いありません。

漢人のふりをするしかなくなった満洲人

満洲という土地は清朝を建てた満洲族の故郷でしたし、満洲国の執政、のちに皇帝になった溥儀は確かに満洲人でしたが、満洲国ができた一九三二年は、清朝崩壊からすでに二〇年が過ぎており、中華民国で生き抜くために、満洲人は漢人のふりをするようになっていました。

清朝時代、地方の重要な都市の郊外には満城という駐屯地がつくられ、満洲八旗兵と家族たちはそこに住んでいました。辛亥革命のとき、これらの満城は革命派やそれに乗じた漢人の暴徒たちに襲われました。漢人から見れば満洲人は隔離されていましたから、狙いやすくわかりやすかったのです。だからこのあと、とくに万里の長城の南に住んでいた人たちは、狙われないために満洲人であることを隠すようになったのです。

漢人は満洲語になど何の興味もありませんが、満洲人はすでに乾隆帝の時代から、ほとんどの人が漢語もできるバイリンガル（二言語話者）になっていましたから、治安の悪い中華民国で身の安全を守るためには、漢人であるほうが便利だったのです。

だからじつは、日露戦争後に大陸に出て行ったふつうの日本人には、満洲人と漢人の区別はつきませんでした。満洲国で話されていた山東方言の漢語を満洲語だと思い込んでいる日本人はいまでもいます。

満洲の歴史についてはいろいろ述べていますが、ここでは、満洲という土地から見た、清朝時代から満洲国にいたる満洲人の歴史をおさらいします。

一六四四年の順治帝の北京移住（清の入関と言います）にともない、満洲人もぞくぞくと万里の長城を越えて華北に移住したため、遼河の東方の遼東と遼河の西方の遼西は人口が減少しました。清朝は満洲人をよびもどし、土地を開墾することを奨励するとともに、一六五三年には遼東招民令を出して、シナ内地から農民を入植させようとしました。一〇〇名招募した者には知県または守備の職を与えるという優遇策でしたが、効果がなかったために、これは一六六八三年に廃止されました。

清朝は、都を北京に遷《うつ》したあと、もとの都の盛京《せいけい》（瀋陽）にアンバン・ジャンギン（満洲語で「武官の大臣」という意味で、総管と訳します）をおき、ついでニングタ（寧古塔、牡丹江《ぼたんこう》上流）にも総管をおきました。盛京の総管は一六六二年に遼東将軍と改められ、さらに奉天《ほうてん》将軍と改称されます。

一六八三年には黒龍江岸のアイグン（愛琿）に黒龍江将軍がおかれましたが、七年後に役所は嫩江《ノンこう》岸のメルゲン（墨爾根）に移り、ついでチチハル（斉斉哈爾）に移りました。寧古塔《ニングタ》将軍の居住地は松花江岸の吉林《きつりん》に移され、一八世紀なかばには吉林将軍と呼ばれるようになります。こうして満洲は、一九〇七年まで、奉天、吉林、黒龍江の三将軍によって管轄されていました。つまり、清朝の内地とも違い、モンゴルやチベットや新疆《しんきょう》などの異民族の住む藩部とも違う、特別の行政区域として軍政下にあったのです。

将軍の下には副都統以下の官がおかれ、八旗兵をひきいて要地に駐屯し、防衛の任にあたりました。清の皇室の祖先の陵墓にも総管がおかれて守護にあたりました。

満洲には、万里の長城の南に移住した旗人の生計のために、旗地《きち》と呼ばれる土地が広く設定されました。満洲を守る「駐防八旗《ちゅうぼうはっき》」の旗人にも旗地を支給し、開墾させました。こちらのほうはつまり屯田兵というわけです。

このほかに、満洲には盛京内務府など諸官庁に属する荘園である官荘《かんそう》も多くあり、皇室専用の狩猟地である囲場《いじょう》や、朝鮮人参を採集する参山《さん》と呼ばれる山場には、一般人は立ち入り禁止でした。

のちに満洲国の西三分の一になる蒙地《もうち》と呼ばれている土地は、遼西にあったもとの藩部で、清朝時代にはモンゴル王公が統治していました。

満洲人ではない非旗籍の漢人の土地である民地もたくさんあったのですが、それはあとで述べるように、清末の土地払い下げの結果です。

一七世紀後半には、満洲人の土地を保護し、西はモンゴルとの境界を画し、東は朝鮮人の侵入を防止するために、明代にあった辺牆《へんしょう》よりさらに外側に、柳条辺牆《りゅうじょう》が築かれました。

また、朝鮮人の満洲への越境問題が絶えなかったので、清の康熙帝は長白山を探査させ、一七一二年にそこに定界碑を立てて、鴨緑江と図們江（豆満江）を清と朝鮮の国境と定めました。

先に述べたように、満洲人はすべて八旗に所属し、軍人として国家から給料をもらい、旗地が支給されました。さらに官僚となる機会もあたえられましたが、一般の職業に従事することは許されませんでした。

満洲人の人口が増加すると軍人の定員も増していきましたが、そうはいっても版図の拡大にも限度があり、やがてポストがなくなります。満洲人のなかにも給料をもらえない者がたくさん出てくるようになりました。売買を禁止されていた満洲の旗地も、いつしか漢人に売り渡され、旗地からの収入を失う満洲人も増えることになりました。

このような状況を心配するようになった清朝政府は、乾隆時代のはじめ、北京在住の無職の旗人を満洲へ帰農させる計画をたてました。一七四四年にハルビンの南に満洲旗人一〇〇〇名を移住させます。さらに一七五六～五九年に、毎年五〇〇戸つまり五〇〇家族、四年間で二〇〇〇家族の満洲人が、北京から拉林《ラリン》に移住して開墾作業に従事しました。

ところが、脱走して逃げ帰る者が続出したため、六九年にはこの移墾をやめてしまいます。北京の内城での暮らしに慣れてすっかり都会人になってしまった満洲人にとって、寒くて娯楽も何もない満洲の奥地での暮らしは、耐えられるものではなかったのです。

清朝が滅びて満洲の土地所有が各方面の利害に結びつくようになると、ようやく調査がなされるようになりましたが、ロシアの満洲占領と日露戦争、さらに辛亥革命を経て、清朝時代の土地関係の文書はほとんど知られていないのではないかと思います。

中華民国初期の調査ではないかと思うのですが、かつて清朝時代に旗人の所有が認められた旗地には、王公荘園と一般の旗地の区別がありました。その他に、地方自治体の所有地、寺《じ》廟《びょう》地、学田などの公有地があり、各種の旧職田や、吉林省・黒龍江省に展開していた旧官荘地などの官有地は、すでにこのときには国有地になっていました。内務府官荘などの旧清朝皇室の家産は皇産と呼ばれました。

漢人の章で詳しく述べるつもりですが、北清事変の賠償金支払いのために、満洲の土地を売ることを決めた清朝は、一九〇一年から大々的に土地の払い下げをします。こうして満洲に漢人たちが大量に入植したのです。日本人が満洲へ入っていったころ、すでにもとの地主であった満洲人の権利はほとんどなくなっていたのではないかと思われますが、詳細はいまだに明らかではありません。

第二章　満洲に流入した漢人たち

清朝時代に主に山東半島から大量の漢人が流入

清朝政府は、一七四〇年に漢人の満洲への流入を阻止する封禁令《ふうきんれい》を出しましたが、前述のように一八世紀末から内地の人口がどんどん増えたので、貧民たちが続々と満洲に流入しました。清朝初期には、明の末期に人口の激減した四川省へ、次はあらたに清朝になった雲南など、もともと辺境だったところへ、増えた漢人人口がどっと流れていったわけですが、それでも人口圧に耐えきれず華僑となって東南アジアへ、さらには禁を破って満洲へと移住していったのです。

清朝は一七四〇年の封禁令のあと、すでに流入した漢人で奉天府に入籍を希望する者は保証を立てて許すが、希望しない者は今後一〇年間に原籍地に戻す、などという法令も出しました。しかし、このあとも、禁令にもかかわらず内地で食い詰めた漢人がとくに遼東一帯（日本人は遼東というと、旅順や大連のある遼東半島の先端だけをイメージしますが、遼東とは遼河の東という意味で、瀋陽や遼陽なども遼東です）に流入し、満洲人にとっても一定の労働力を必要としたため、一七六一年には、商人や職人や単身の労働者の奉天居住をとくに許すことになりました。

満洲へ流入したのは、主に山東半島の人々でした。まだ鉄道のない時代でしたから、山東半島から海を渡り、遼東半島を歩いて遼陽、瀋陽へと移動していきました。移民たちの多くは農民で、掘立小屋をつくり、荒れ地を開墾し、村落を形成していきました。漢人は習慣的に植民で広がっていく人々でしたから、満洲にも次第に開拓農地が増えていきました。

そのような農村が増えると、河北や山西から行商人《ぎょうしょうにん》が進出してきます。山東からは出稼ぎ移民とともに綿製品が満洲にもたらされ、満洲から山東・華北へは農産物が運ばれました。満洲ではコウリャン（高粱）が採れましたので、とくに高粱酒が名産品になりました。焼鍋《しょうか》と呼ばれる焼酎製造業者は大いに経済力を蓄え、穀物の売買や高利貸など金融面でも活躍するようになっていきます。

一八世紀末になると、清朝内地の人口がさらに増加し、満洲南方の遼河下流域だけでなく、北方の松花江流域にも漢人が進出しました。もともとモンゴル人の遊牧地だった松花江西岸にも漢人が流入します。一九世紀後半には、黒龍江将軍管轄の北満地方にも漢人が流入し、ハルビン北部の呼蘭《フラン》平野の開発がはじまりました。また、清初以来無人の地帯だった鴨緑江右岸の土地に漢人が流入し開墾が進んだので、後述する北京条約以降の一八六七年、清はこの地域を漢人に開放しました。

しかし政治的には、日露戦争後の一九〇七年まで満洲は軍政下にあり、斉斉哈爾《チチハル》の黒龍江将軍、吉林の寧古塔《ニングタ》将軍、盛京（瀋陽）の奉天将軍の三人の旗人将軍が治める特別地域で、八旗兵が屯田していました。

満洲北方には、ダグール族やオロチョン族などモンゴル系や満洲系の少数部族がいましたが、清はかれらを部族ごとにまとめて八旗兵として雇い懐柔しました。この人々を新満洲人と呼びます。明代の羈縻《きび》政策と同じです。

清朝支配層の故郷である満洲をめぐって日本とロシアが争った日露戦争のあと、ついに満洲における軍政が放棄されました。一九〇七年、清は黒龍江、吉林、奉天に内地と同じ省を設置し、各省に巡撫《じゅんぶ》という地方長官を置きました。巡撫の上に軍政と民政を総括する東三省総督を置いたのが、現在の中国東北三省の起源です。

それまでの満洲は、屯田兵が耕す国家所有の土地以外は、満洲旗人が土地を所有しており、現地の小作人がその上がりを北京の主人に送るという、不在地主がいるという形だったのです。

清朝末期の満洲で漢人移民とロシアが衝突

アロー号戦争（第二次アヘン戦争）後に締結された一八六〇年の北京条約によって、天津・営口《えいこう》・烟台《えんだい》が開港しました。烟台は煙台とも書きます。旧称が芝罘《チーフー》です。

ことに烟台が開港し、沿海州をロシアが領有するようになると、山東幇《パン》（山東省出身の移民グループのこと）の活動範囲は極東ロシアに拡大しました。

山東幇は農民が主ですが、満洲に関していえば、農村から出稼ぎにいった伐木労働者や土木労働者も、山東幇と見なされました。山東から海外つまり省外に出る者はだいたい山東半島の北岸の龍口《りゅうこう》、烟台から船出しました。

シナ史ではどこでもいつの時代でも、出身地を同じくする移民は、出先の土地で相互扶助のための会館を建てるのですが、山東人は船を利用して満洲に渡ったため、満洲の沿海部および遼河・鴨緑江沿いの地域に山東会館は分布しています。航海の守り神である天后《てんこう》を祀っています。

天后宮《きゅう》は横浜中華街やマレーシアのクアラルンプールなど、海外の華僑の居住地のあちらこちらにあって有名ですが、媽祖廟《まそびょう》も同じものです。媽祖は天后の俗称で、宋代に実在した巫女《みこ》と言われ、出身は福建省ですが、海運の拡大によって全土に広まったのです。

話は戻りますが、ロシアが一八六〇年に清から獲得した沿海州の南端ウラジヴォストークに、一八七一年から海軍基地の建設を始めると、漢人の移動範囲もモノの流通も拡大しました。このときから清朝は、ロシアの脅威への対抗と財政赤字の改善を目的に、満洲の部分的な土地の払い下げを始めます。

こうしてさらに山東・華北から満洲に流入する人々が増え、大豆・小麦・コウリャン・粟を中心とした農業生産と人口が増加しました。営口《えいこう》では過爐銀《かろぎん》と呼ばれた信用取引が創出されました。ロシアのウラジヴォストークとハバロフスクや、朝鮮半島の仁川にも山東の商人が進出し、雑貨や野菜をあつかうことになりました。

封禁策で移住を禁止していた清朝も、満洲にすでに入植している漢人を黙認するようになり、かわりに税をとろうと考えます。漢人の増えた場所に州や庁などの役所を置いて租税を集めるようになりました。

ところが、一八九六年、ロシアが李鴻章《りこうしょう》に賄賂《わいろ》をおくり、一八九七年に東清鉄道の敷設を始めると、土地の強制収奪に反対する漢人農民とロシアの間で摩擦が生じるようになりました。山東半島から満洲に渡った農民を中心に自衛組織ができ、鉄道建設によって生活の糧を奪われる運送業者らと共闘して、ロシアに対するゲリラ戦を展開していきます。これがのちの義和団運動となって、ロシアの軍事占領につながるのです。

前述のように、一八九九年に山東半島で義和団の乱が起こり、一九〇〇年にロシアの大軍が満洲に侵攻すると、時の奉天将軍増祺《ぞうき》をはじめとする満洲人将軍たちは、義和団以上にロシア軍を恐れて、持ち場から逃げてしまいました。しかし西太后《せいたいこう》らも紫禁城から逃げ出したので、とくに処罰されませんでした。増祺は義和団事件後、なるべく金をかけずに治安を維持するため、馬賊を帰順させる政策をとります。

馬賊は、土地の有力者が出資した自警団である保険隊で、保険区外では蛮行に及ぶならず者です。新開地で国の保護などなく、そういう者たちに金を出して守ってもらわなくてはならない。満洲はアメリカの西部劇に出てくるような、そういう土地でした。

辛亥革命から満洲の実権を握った張作霖

一九〇〇年に北京に入った義和団を、西太后をはじめとする清の保守派が「義兵」として歓迎し、列国に宣戦布告をして北清事変になったことが、満洲の運命を変えました。一九〇一年九月、一一カ国との間で北京議定書が締結され、四億五〇〇〇万両という膨大な賠償金が清国に課せられたのです。

財源のなかった清国では、それまで旗地として大事にしてきた満洲と、騎馬兵を供出してもらうために国初から同盟してきたモンゴル人の所有地だった草原を、漢人に開放して現金を入手するしか手はありませんでした。

こうして官営の旗地が開放され、民営の農牧墾殖公司《こんしょくこうし》が設立されることになりました。一九〇一年には大凌河《だいりょうが》西岸の牧場が払い下げられ、上海の富商がこれを一手に購入しました。一九〇六年には洮南《とうなん》府のトシェート・ハーン盟のモンゴル旗地が華興墾務《かこうこんむ》公司に一括購入されました。一九〇九年設立の蒙務興農《もうむこうのう》有限公司は、ダルハン王旗の荒れ地を一括して取得しました。

この話を聞いて私が疑問に思うのは、たとえモンゴル王公が清から領地の支配権を認可してもらっていたとしても、モンゴル人にとって土地は天のもの、みんなのものだったからです。王公はただ土地の管理権を持っていただけだったはずなのに、とふつうのモンゴル遊牧民のために私は憤慨します。

民国初期には農牧墾殖公司はさらに発展し、大資本家が満洲に入ってきて土地を買い占めることになりました。

話を少し戻して、日露戦争が終わった一九〇五年、奉天官銀号《かんぎんごう》が設立されました。この銀行は、一九〇九年に東三省銀号へ改組されます。日本からは、横浜正金銀行や朝鮮銀行が満洲に支店を出すことになりました。ロシア系の銀行も進出しますが、これらの金融機関は、それぞれに紙幣を発行し、同じ満洲という土地で暮らしていても、シナ人、ロシア人、日本人はそれぞれ使用している通貨が異なるという状態でした。

満洲経済のもともとの特性は、大豆三品と呼ばれる、大豆、豆油、豆粕《まめかす》の生産・流通でしたが、それに加えて清朝からの土地の払い下げになりました。金融業もいとなむ糧桟《リャンザン》と呼ばれる商人が、大豆の生産や流通を掌握していました。

一九一一年に辛亥革命が南方で起こり、一九一二年一月に中華民国が成立し、二月に清朝は崩壊しましたが、中華民国の勢力は、このときはまだ満洲にはおよんでいません。

日露戦争後に満洲で勢力を伸ばした、保険隊出身の軍閥である張作霖《ちょうさくりん》は、清朝崩壊に乗じた土地の払い下げに関与して巨額の利益を得ました。張作霖地方政権下で、一九一九年に荒務《こうむ》局が設置され、清朝支配層の満洲人やモンゴル王公の持ち物だった土地が、農地として払い下げられたのです。

さらに張作霖は、自身が掌握した東三省銀号などを通じてフリーハンドで大量の不換紙幣を発行しました。そして、それを使って糧桟経由で大豆を購入し、それを日本人商人に売却して、横浜正金銀行券や朝鮮銀行券を手に入れ、不換紙幣の価値を実体化するという手法で、巨万の富を手に入れたのです。

満洲には、港湾、工場、鉱山、建設現場で働く「苦力《クーリー》」と呼ばれる漢人の単純肉体労働者が流入しました。クーリーは、ヒンディー語やタミル語の手間賃、賃金に由来する英語Coolieや Cooly を漢字で苦力と翻訳したものです。かれらは季節性の出稼ぎ労働者で、把頭《はとう》や苦力頭と呼ばれるリーダーを中心にグループを形成し、郷里から現場への往来、現場での労働もこのグループを単位としました。満洲で活躍した把頭には、数名の大把頭と数十名から一〇〇名以上の小把頭がおり、その下に苦力たちがいたのです。

ちなみに苦力の労働力をあてにした満鉄は、かれらを正式には「華工」と呼びました。把頭（華工頭）は、地縁で労働者を募集し、企業から原則出来高払いで作業を請け負ってかれらを使役しました。請負賃率と支払い賃率の差が把頭の儲けになります。さらに、金建てでもらい小洋建てで支払うこともできますし、賃金ピンハネもあり、一〇パーセントから二〇パーセントの口銭《こうせん》を得ていました。さらに集団食事の請負、売店経営、高利貸し等々で労働者を搾取したのです。その結果、苦力たちは、同業種の日本人の半分程度の低賃金と、コウリャンなどの粗食で長時間労働に従事することになりました。

これらの漢人移民は、華北における人口増加と干害水害によって増減がありましたが、二〇年代の多い時期には年間一〇〇万人を超えていました。一九二五年から四四年までの二〇年間で、毎年約六九万人が入満し、約四〇万人が離満したということです。

満洲国における漢人農民の生活

満洲の人口は、前述のように、日露戦争前の一九〇四年には、一〇〇万人から数百万人と言われています。一九一一年には一八〇〇万人になり、一九一五年には二〇〇〇万人に、そして、満洲事変前には三〇〇〇万人に増えていました。増加のほとんどが、万里の長城の南のシナ内地から移住した漢人農民でした。

一九三五年から三六年にかけて、満洲国が満洲各地で農村調査をおこなった報告書がありま す。一般的な漢人農民の生活が記されていると考えてもいいと思います。それによると、衣類は綿布の需要がもっとも多く、日本製品や満洲の綿布工場でつくられたものが大半を占めていました。かれらの衣服に関して言えば、汗流子（肌着）、布衫（下着）は二枚までで、上着はほとんど着替えを持っていなかったということです。

漢人農民の主食は、コウリャン、アワ、トウモロコシですが、北部はコウリャンの生育が悪く、まずいので、もっぱら高粱酒の醸造用に用いました。農閑期や働かない者は雑穀をお粥にして食べるので、子供は栄養不足になりやすかったとあります。

豚を飼う家も少なく、富農でも、年越し、端午の節句、仲秋節のときにだけ肉を食べることができました。副食は、野菜を油でいためたり煮たりしたものがほとんどです。漬け物は、塩漬け、酸菜（白菜を発酵させた漬け物）、味噌漬けで、これを副食とすることも多く、調味料は塩、大豆油です。「貧乏人の漬け物は甘い」ということわざがあったそうですが、それは、塩すら十分に購入できないことをあらわし、また塩税が高いことも関係していると報告されています。

農民の家屋のほとんどは平房・草房で、都市部や富農の家屋だけは瓦屋根があり、苦力などは掘立小屋に住んでいました。平房は、雨水に耐えることができるほど粘着力の強いアルカリ土壌の土でつくったレンガで建てられ、草房は、酸性・中性の土壌の地帯に建てられました。そのために、土壌の違いで家屋の形態が分かれました。満洲平野のほぼ中央に位置する長春が両者の混合地帯で、長春から東部は草房、西部は平房が多く見られました。

材料の違いはありますが、満洲の家屋は、冬季の寒さに耐えるため、どんな家屋にも炕《こう》（オンドル）があり、かまどの煙が床下を通り抜けて排気されることで暖を取るようにつくられていました。朝鮮半島の家屋もやはり炕があります。

満洲への漢人移民が一気に増えたのは、ロシアが東清鉄道を建設したからですが、鉄道路線が広い満洲すべての土地に通っているわけではありませんから、満洲では馬車が愛用されました。とくに大地が凍結する冬季には、一トン近くを載せることができる、大車と呼ばれる馬車が、一日一〇〇キロ近くを行くこともできました。

この馬車輸送システムは、じつは、清末以降の皇室財産の解体によって放出された木材とモンゴル馬が結びついたものでした。朝鮮との国境地帯にある長白山の森林は、清朝の発祥の地で封禁策が取られていましたから、豊かな森林資源が残されていました。また、いまの内モンゴル東部にある官営牧場では、清朝皇族と八旗兵のための馬がたくさん養われていました。

一九〇四年に安奉線が開通すると、ちょうど大豆が商品化される時期にあたったために、馬車が大豆を主要鉄道駅に集める毛細血管の役割を果たすようになります。一九二〇年代には五〇万台近くの大車が満洲で使用され、大豆を主要鉄道駅に運ぶだけでなく、時には鉄道と競合して、鉄道をしのぐほどの輸送力を誇ったそうです。

もうひとつ、満洲独特のものとして、対農民の金融があります。それは、県城の穀物商による郷村の農民に対する直接金融です。五〜七月の現金欠乏期に糧桟《リャンザン》（穀物商）が青田買いをして現金を支払いました。夏季には使用しない馬車（大車）を担保として金融することもあったということです。

満洲国は農産物の集荷にあたって、最後まで糧桟などの民間商人の影響を排除しきれなかったと研究書に書いてあります。

宗教には寛容な政策をとった満洲国

満洲国時代の漢人農民の生活について、もう一つとくに述べておきたいのが、道教信仰についてです。

満洲国の写真でかならず紹介されているのは、大石橋迷鎮山《めいちんさん》の娘娘《ニャンニャン》廟会《びょうえ》です。これは、満鉄本線の営口への分岐点にあたるところにある廟で、毎年旧暦四月一八日に大々的に開催される、満洲最大の廟会でした。

娘娘廟は、子授けや出産をつかさどる女神の碧霞元君《へきかげんくん》を祀る廟ですが、商売繁盛の神様でもあります。戦前の日本の記事に、天后宮《てんこうきゅう》とも呼ばれたとあるのは、山東人が祀っていた媽祖《まそ》のことでしょうか。娘娘廟は女神を祀る廟を意味する日常語で、北方は碧霞元君で、南方の女神が媽祖ということですから、山東だけでなく河北からの漢人もたくさん満洲に移住していたので、どちらも女神として祀ったのでしょうか。

満洲文化協会は各地でチラシやポスターを配布するなど宣伝活動をおこない、満鉄は臨時列車や往復割引切符などで支援し、記録映画を撮影しました。毎年満洲各地から、列車や幌馬車などで漢人が集まり、二〇万人の人出があったそうです。

道教の女神に扮した生神による娘娘廟会の風景

満洲帝国皇帝となった清朝最後の皇帝、宣統帝溥儀《せんとうていふぎ》が、一九四〇年の第二回訪日直前に建国神廟を創建し、天照大神《あまてらすおおみかみ》を奉祀することを決定しました。関東軍がおこなった失策の一つとして戦後大いに非難された建国神廟は、実際には日本の天皇のように国民の尊敬を受けたかった溥儀の強い要望によって実現したものです。しかし、満洲帝国は、国民に神道を強制したわけではありません。禅を中心とする仏教、道教、キリスト教、イスラム教、モンゴル人の信奉するチベット仏教など、民族によってさまざまな宗教が信仰されていました。

娘娘の他に、薬王、関帝、佛誕日などの廟会は、満洲全土で同じ日に開催されました。満洲の特徴として、村の廟は著しく脆弱《ぜいじゃく》で、鉄道駅周辺に巨大廟会があったというのは、南のシナにおける一族での移住の結果の村落と違って、満洲への漢人の移住や植民が、あくまで鉄道路線との関係で拡大していったことをあらわしています。

大石橋迷鎮山の娘娘廟は、日本の敗戦後、中国共産党によって徹底的に破壊されて、いまは跡形もありません。

日本敗戦後の満洲を占領した中国共産党軍

日本の敗戦後の満洲では、四年におよぶ国共内戦の結果、最後に中国共産党が勝利して、一九四九年十月に中華人民共和国が成立しました。戦後は満洲という言葉自体がタブーとされ、もっぱら中国東北地方と呼ばれています。当然のことながら、戦後の満洲の生活は、中国共産党の書く史料に基づく研究しかありません。

そうであっても、共産党の言い分ばかり読んでいても、かなりの程度本当のことがわかるのです。それは、中国の史料を使ってはいても、史実を追究したいという日本人研究者の熱意のたまものだということが言えるかもしれません。

一九四五年八月八日、ソ連は日本に宣戦布告しました。翌九日、満洲の東部、北東、西部、北西、モンゴル人民共和国と内モンゴルとの国境から、ソ連軍がいっせいに満洲に侵攻しました。八月十四日、蔣介石の国民政府は、モスクワでソ連と中ソ友好同盟条約を締結し、東北の主権は国民政府に引き渡されることが約束されました。でもこの時期すでに、満洲はソ連軍に制圧されていたのでした。

九月十四日、ソ連軍の代表として延安にやってきたベルノソフ大佐と劉少奇《りゅうしょうき》・朱徳《しゅとく》との会談により、山海関から錦州までの一帯を共産党軍に引き渡すことにソ連が同意し、「八路軍」の名義を使用しないことを条件に、東北に軍隊を派遣することについて暗黙の了解がなされました。

国民党は一九四五年十月から長春で、軍事接収の交渉を進駐ソ連側（総司令官マリノフスキー）と進めますが、ソ連側は国民政府軍が商業港である大連に上陸することを拒否し、そのため十一月には国民党は長春から山海関に撤収せざるを得ませんでした。十二月、国民政府側はマリノフスキーと長春で会談し、ソ連側の鉱工業資産の略奪に抗議しましたが、ソ連側は戦利品として搬送したものだと主張します。

十二月に国民党がようやく山海関を占領したころ、共産党軍はすでに満洲の一五四の県、七〇前後の都市を占領していました。ソ連は約束の期限がきても一向に撤退せず、中共軍はソ連軍の支援を受けながら、各地に軍事委員会をつくり、人民代表大会を開いて自治政府をたて、着々と基盤づくりを進めていました。

中国共産党の「大衆運動」が都市商工業を破壊した

中共は、みずからが占領した地区を解放区と呼び、さまざまな政策をおこないはじめます。その第一が、「満洲国期の漢奸《かんかん》（対日協力者）による搾取や抑圧行動」に対する清算運動でした。この運動のなかで、満洲国期に「不正に」民衆から搾取していたと見なされた商工業の多くがその財産を没収されました。しばしば工場・商店がつぶれ、労働者と資本家が共倒れとなる状況を招きました。

四六年六月、中共中央指導部は、満洲における軍事情勢が好転せず、土地改革が達成できないことを、地主や富農が多くの財産を隠しているためだと疑うようになります。このため、民間商工業が敵視されはじめ、再度、清算運動がおこなわれました。

四六年七月からは、志願制を原則とする新兵動員を大々的に推進しました。まず土地改革によって土地と財産を得たすべての農民に対して、地主からの報復から身を守るためには、その同盟者たる蔣介石の国民党を打倒しなければならないことを説得します。

けれども、かれら中共の言い分によるなら、「新兵動員の前提であるべき肝心の土地改革は、広範な大衆の参加をもっておこなわれるべき地主との闘争が、一部幹部や積極分子により代行されるなどのプロセス上の失敗をくりかえし、農民の自発的喚起という点では限定的な効果しか発揮しなかった」のです。

それよりも実際の新兵動員において効果を発揮したのは、入隊者の家族に与えられる減税・免税などの各種優待、土地改革によって獲得された土地・財産の優先的分配、「慰労費」などの名目によって賦与される金銭などの経済的誘因でした。

共産党の言うところの「大衆運動」とは、第一、戸籍調査をおこない、「悪質分子」を排除することによる治安維持。第二、食料統制下で、食料を与えるべき「貧民」を認定して、配給をおこなう。第三、軍隊への人員の供給と、かれらを送り出す「銃後」の形成、でした。しかし結局、四八年初頭から「大衆運動そのものが禁じられる」ようになったのは、「清算運動が都市商工業に与える損害」を無視できなくなったからです。

「土地改革」とは名ばかりで実際は「戦争準備」のための「大衆運動」だった

満洲における農業の特徴の第一は、土地の広大さと肥沃《ひよく》さでした。とくに北満は、コウリャン、アワ、トウモロコシ、大豆を主要作物とする有数の穀倉地帯です。だから第二の特徴として、とくに北満においては地主による土地集積が顕著で、大規模農業経営が一般的だったのです。

ところが中国共産党は、土地改革の実行によって、地主による大規模農業経営を徹底的に破壊しました。北満の自然的条件からすれば、それは農業経営上の合理性とは乖離していたのでした。地主の土地・財産を貧農に平均分配したところで、農業経営に必要な役畜や農具を各農家に行き渡らせることはできません。それで、一九四六年～四七年には生産量が極端に減少することになりました。

国共内戦期に、中共が地主ら富裕農民の土地・財産の強制的な没収を大々的に推進した目的は、戦争に本来消極的な農民を、共産党の戦争に自発的に参加するように仕向けることにありました。共産党の指示のもと、地主の土地と財産を分配してもらった農民は、地主らの「同盟者」である国民党が勝利すればその報復に遭うだろうから、共産党の勝利に協力することに積極的にならざるをえないだろう、そうした戦争動員効果こそが「土地改革」最大の目的だったのです。

『二〇世紀満洲歴史事典』で、この項目を担当した研究者自身が言っています。「第二次世界大戦後に世界各地で実施された土地改革や、国共内戦後に国民政府により台湾で実施された土地改革が、戦後の社会経済的安定を主たる目的としていたことに比して言えば、共産党が革命期に実施した土地改革の特徴は、近代戦争を戦うための『戦争準備』としての性格を強く帯びていた点、および、そうであったがゆえに行政政策ではなく『大衆運動』として実行されることが強く求められていた点に見いだすことができよう」

実際には、共産党が認識したほど地主による土地占有率は高くなく、農民は土地改革に必ずしも熱心ではなかったことが、のち一九八〇年代以降の研究によって明らかになりました。けれども当時は、家中の人間を追い出した上で、その全財産を探し出して奪い尽くすという、「隠し財産掘り出し運動」ばかりが先鋭的におこなわれ、闘争対象は過剰に拡大し続け、黒龍江地方では、中農総人口の四五～五〇パーセントの利益が侵されることになりました。のちに「左傾の誤り」として批判されるようになったといっても、この運動は四八年二月まで続いたのです。

共産党の軍隊の拡大は、満洲の農民の参加ではありませんでした。国民党軍からの捕虜兵、投降兵の収容・再編によって、急増することになったのでした。

民間商人を介することなく直接農民から食料を徴発

日本敗戦後、ソ連は、東北から撤退する際に関東軍の武器を中共に提供しましたが、それは無償ではありませんでした。当時、大規模におこなわれたのが、中共とソ連の間のバーター貿易でした。もともと東北は大豆など商品作物の生産地であり、それらを外地に輸出し、衣料品や機械などを輸入することによって成り立っていました。ソ連と中共の交渉は秘密裏におこなわれ、その過程で中共はソ連側より想定以上の大量の食糧の輸出を要求されたということです。

これも当初、中国共産党は、富裕層や市場から強引に食糧を徴発しました。このあと次第に、土地改革などの大衆運動を通じて設立した農村の末端組織を利用して、食糧の移動を厳しく制限・管理した上で、広糧《こうりょう》（つまりお上に差し出す食糧）の徴収を事実上倍額にし、その約半分を「買い付け」という形で対価を与えつつ徴収するという方法を取ります。こうして中共は、民間商人を介することなく、直接農民から食糧を入手することができるようになりました。

一九四八年から食糧の流通が自由になりましたが、中共が「国営商店」や基層組織を通じて、農民から直接買い上げる割合はきわめて高かったのです。中共の言い分では、「大衆運動によって民間商業がきわめて大きな打撃を受け、中共が直接に物資の流通を管理するようになったことを示している。そのあり方は、満洲国が農産物の集荷にあたって最後まで糧桟などの民間商人の影響を排除しきれなかったことと大きく異なっている」ということですが、つまりは武力にものを言わせて、農民たちの自発的な経済活動を制限したと言っていることにほかなりません。

国共内戦中の東北戦場における戦いを描いた『雪白血紅』というノンフィクションが、一九八九年に解放軍出版社から刊行されました。中国解放軍の専属作家が、一〇〇人以上の中共軍関係者のインタビュー証言と、大量の中共の作戦電報をもとに、東北戦場における戦いをリアリティをもって再現したものだということです。このノンフィクションは、日本敗戦直後、中共軍には、自傷する兵士まであらわれるほど逃亡兵が多数でたこと、強固な防衛態勢が敷かれた長春を戦わずに陥落させたと高く評価されている中共軍の戦績の裏で、十数万人以上の長春の民衆が餓死したこと、などを描いたため、出版後、当局から発禁処分となったままだそうです。

第三章　満洲国に理想国家を夢見た日本人

日本人は満洲国の指導民族たりえたか？

第一部第六章で述べたように、一九一五年に二十一カ条要求が調印され、満洲と東部内蒙古に日本人の自由な居住と農業や商工業に使う土地の「商租」が認められました。そのあと、在満日本人は少しは増えましたが、それでも一九二一年に一六万六〇〇〇人、一九二六年には一九万人です。そのうち、満鉄社員と家族が六万八〇〇〇人で、関東庁の職員が二万二〇〇〇人でした。

日本人の居住地は、治安の確保された関東州と満鉄付属地が主で、活動領域も日本人社会に限定され、漢人の労働者や商人との接触や出会いも少なかったのに比べて、前述のように漢人の満洲移民は、辛亥革命時の一九一一年に一八〇〇万人、一九一五年に二〇〇〇万人と増加を続け、住む地域も拡がり、日本人社会とも積極的に関係を持つようになっていきました。

在満日本人商工業者の多くは、急増する漢人と直接取引をすることは少なく、「官公庁や満鉄などへの依存体質からの脱却をもたらすような企業革新は進まず、二〇年代後半には日本側と競合するまでに成長した一部の現地漢人商工業者の圧迫に晒《さら》されるようになり、在満日本人の活動は停滞した」と『二〇世紀満洲歴史事典』には書かれています。

この閉塞状況を打開したのが三一年の満洲事変であり、三二年三月の満洲国の建国だったのです。

満洲国が建国されたあとは居住制限も解かれ、全満に新たな就業機会が拡がり、満鉄沿線の大都市部を中心としながらも居住地域は全満へと拡がっていきました。在満日本人は「指導的民族」として優先的に専門職に就職し、民族的賃金体系によって厚遇され、大都市部のミドルクラスは内地に先駆けてモダンな都市的生活様式の近代家族を形成しました。

その一方で、満洲国における日本人の多くは中国人との交わりも出会いも限定的という満洲国成立以前とさして変わらない植民地的な生活世界を生きており、満洲において、日本内地から自立した独自な社会を建設していくという志向性には乏しかったのです。

満洲国建国当初、中央・地方官庁の官僚になれるような学歴のある人は現地にはあまりいませんでした。けれども日本からの投資が増えて、まもなく大企業の社員や技術者もたくさん必要になります。国家建設のための社会基盤整備が伴うにつれて、専門職の需要が急速に増大しましたが、人材供給が追いつかず、いきおい日本内地への募集が繰り返されたために、日本からのホワイトカラー層の移住が急増しました。

満洲国建国前には移住する日本人はほとんどいなかった農村地域にも、国策の農業移民二七万人が送り出され、日本が敗戦したときには、日本の租界地であった関東州を含む在満日本人の数は約一五五万人になっていました。軍人・軍属を含めれば約二〇五万人といわれています。

こんなに多くの日本人が満洲国で暮らしていましたが、日本国籍を離れて満洲国籍を取りたいと思う日本人は皆無といってもよかったために、結局、国籍法は施行されないまま、敗戦を迎えました。

日本の戦局が悪化すると、在満日本人の一五万人が日本帝国軍人として根こそぎ動員されたのは、満洲国の指導民族でありながら、日本本国からの自立性の希薄さを象徴するものと言えると前述の事典は述べます。

日本人は、日本国の法律に守られて暮らしていくことに慣れていたので、根無し草になっても異境の地で財産を守って生きよう、というようなたくましさに欠けていたと私は思います。そこが、国家に守ってもらったことのない漢人とは違う点だったのです。

日本による満洲国への莫大な投資

満洲国建国当初は人も設備もなく、関東軍は防衛にあたるのに精一杯でした。そこで、満鉄の社員に委任して、満洲国の仕事をさせることにしました。満洲国鉄の開発を満鉄に全面的に委託したのです。満鉄が全人員と資金とノウハウを活用して、満洲国中に鉄道を敷設しました。

満洲国から満洲帝国の一三年半の間に進められた経済建設は、三期に分けられます。

第一期（一九三三～三六）には、国内治安の維持、国家機構の整備と並行して、既存産業の再編成、基礎産業および輸送通信機構の建設をおこないました。この期間に日本の資本は満鉄を通じて流入したので、満鉄は満洲国の経済建設の主役となり、全満洲の鉄道を経営し、北満洲に戦略鉄道を建設したばかりでなく、鉄鋼、炭鉱、液体燃料、軽金属、化学工業、電気などの企業も経営しました。

この五年間の対満投資は一一億六〇〇〇万円にのぼりましたが、そのうち八〇パーセントは満鉄への投資でした。

第二期（一九三七～四一）は、第一次産業開発五カ年計画をもって特色づけられます。鉄工業部門の開発を主眼とし、国防産業の建設を目的としました。ところが、支那事変の進行にと

[図12] 満洲鉄道の路線図

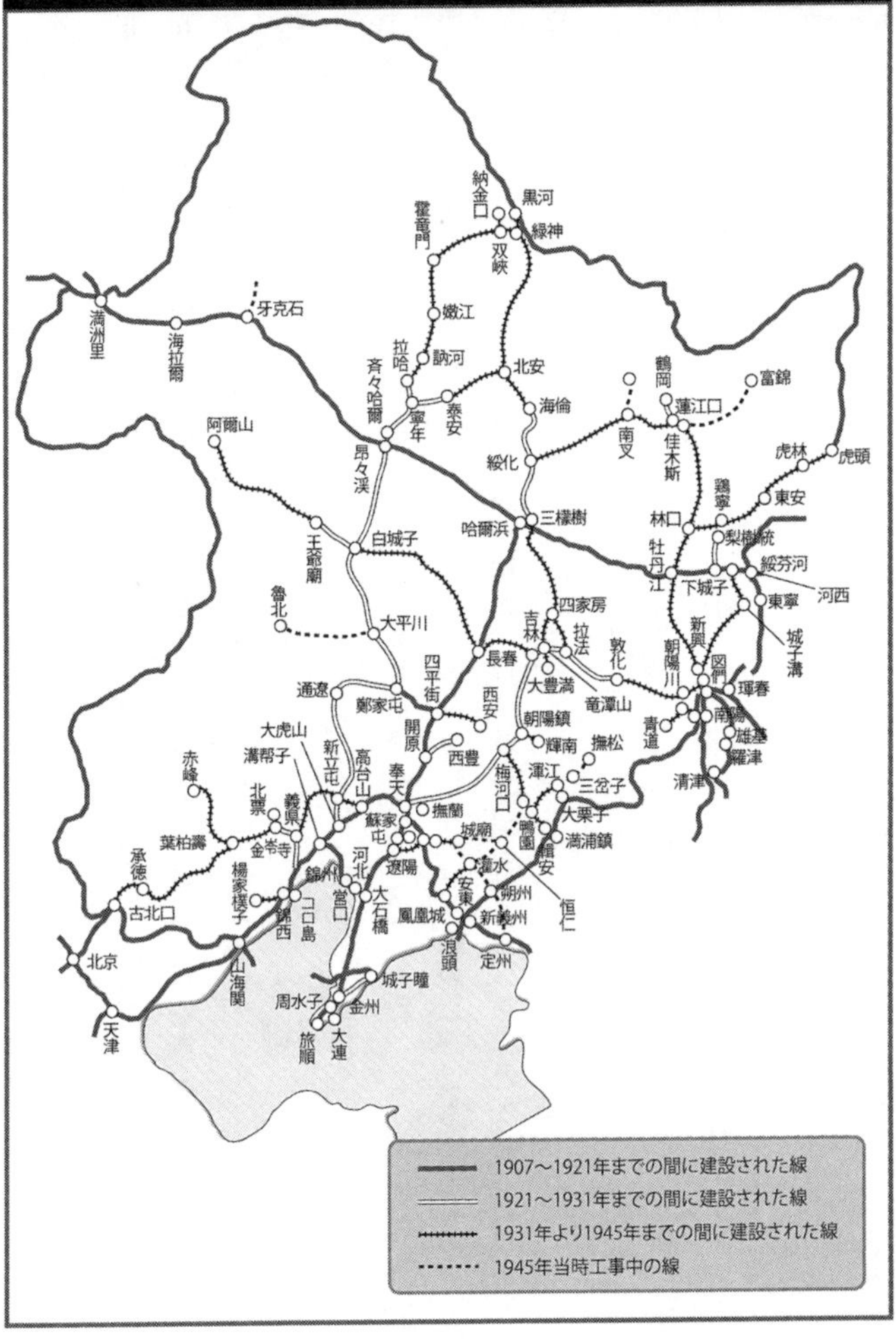

もない、欠乏した軍需原料を日本が満洲に求めたため、五カ年計画は日本の必要に応じて修正拡張を繰り返すことになりました。

修正の重点は鉄・石炭・液体燃料・電力部門の拡大で、資金計画も当初の二倍以上になりましたが、開発資材がこれにともなわなかったので、最後まで資材不足に悩み続けました。それでも日本からの投資は四〇億円に達し、鉄工業部門では、鋼材二六四パーセント、石炭一七八パーセント、電力二四一パーセントと相当の成績をおさめ、重工業の基礎を築くことができました。しかし、農業部門は大豆の八五パーセントが示すように、著しい停滞をみせました。

第三期（一九四二～四五）には、第二次五カ年計画が強行されました。この計画は、最初から日満華一体として立案され、石炭と農産物に最高重点を置き、鉄鋼以下にも全力を注ぐこととし、インフレ対策として重工業偏重を修正、軽工業部門も育成し、軍需と民需の対日供給と国内自給に努力するという、困難な任務が課せられました。

これでわかるように、支那事変、大東亜戦争と戦線が拡大するにつれ、満洲の状況は厳しくなっていきました。日本の内地も不自由でしたが、大東亜戦争がはじまってから、満洲に住む日本人以外の人々も一気に食べものなどが手に入らなくなったそうです。それは現地の人から聞きました。

それにもかかわらず、一九四三年の農工業総生産額が、満洲としては空前の水準に達し、予定の対日供給をほぼ遂行しえたのは、満洲帝国の行政が一時相当の浸透をみせた結果であるといわれています。人も物もなかったところから国づくりをして、そこまで産業を興したのです。しかし、これは他面からすれば、農産物の強制集荷、石炭その他の内需の圧迫にみられたように、満洲国の国民に大きな犠牲を強いた結果でもありました。

日本が大東亜戦争に突き進んでさえいなければ、満洲国はさらに発展をしていたでしょうし、東アジアの歴史は変わっていたはずです。

敗戦後の満洲における日本人の悲劇

一九四五年八月九日、ソ連軍はすべての国境から、いっせいに満洲に侵攻しました。ソ連軍は、避難する一般民の女性や子供も容赦せずに襲撃をしたので、集団自決をふくめ、一万人以上の日本の開拓団員がその犠牲になりました。中国残留婦人や残留孤児の問題も、このことが原因で起こりました。

ソ連軍の略奪は中国人にまでおよび、中国人はソ連兵を「老毛子」（ロシアのけだもの）と言って恐れたということです。

八月十九日、東部ソ満国境ハンカ湖近くで日ソ間の停戦交渉がおこなわれました。ソ連首相スターリンは、二十三日に日本軍捕虜五〇万人のソ連移送と強制労働利用の命令を下します。日本軍の武装解除は八月下旬までに終わりましたが、ソ連軍は復員を認めず、すでに離隊していた男までも強引に連行しました。日本人捕虜はまず、満洲の産業施設の工作機械を撤去しソ連へ搬出するために使役され、八月下旬ごろからソ連領内に移送されました。総数五七万五〇〇〇人とされていますが、実際は七〇万人近くが移送されたともいわれています。

大戦で荒廃したソ連の復興のための労働力とされた日本人抑留者たちは、シベリア各地、中央アジア、コーカサス地方にまで送られ、鉱山、鉄道、道路建設、工場、石油コンビナート、森林伐採などの重労働を強いられました。

じつはモンゴル人民共和国にも一万二〇〇〇人が行っています。ノモンハン事件の賠償と考えたモンゴルは、当初、日本人捕虜二万人をまわしてもらうはずでした。しかし、一万二〇〇〇人を受けいれたところで、住居や食糧が間に合わないとストップがかかりました。

共産圏に抑留されたおよそ六〇万人のうち、約一割にあたる六万人が、極端に悪い食糧事情のなかでの重労働によって亡くなりました。

最近読んだ伊藤隆先生の『日本の内と外』（中公文庫）によりますと、ソ連の強制収容所には、日本人のほかにヨーロッパから強制連行したドイツ軍捕虜、ドイツ軍とともに戦った東ヨーロッパの軍の捕虜、ドイツ軍に協力したとされるドイツ占領地の住民、満洲の白系ロシア人や中国人地主、ソ連の北朝鮮支配に抵抗した朝鮮人、ウクライナなどでソ連からの独立運動をした人々、六二万人のハンガリー人等々、ものすごい数の強制労働者が収容され、苛酷な労働に従事させられていたということです。

［図13］満洲に侵攻したソ連軍

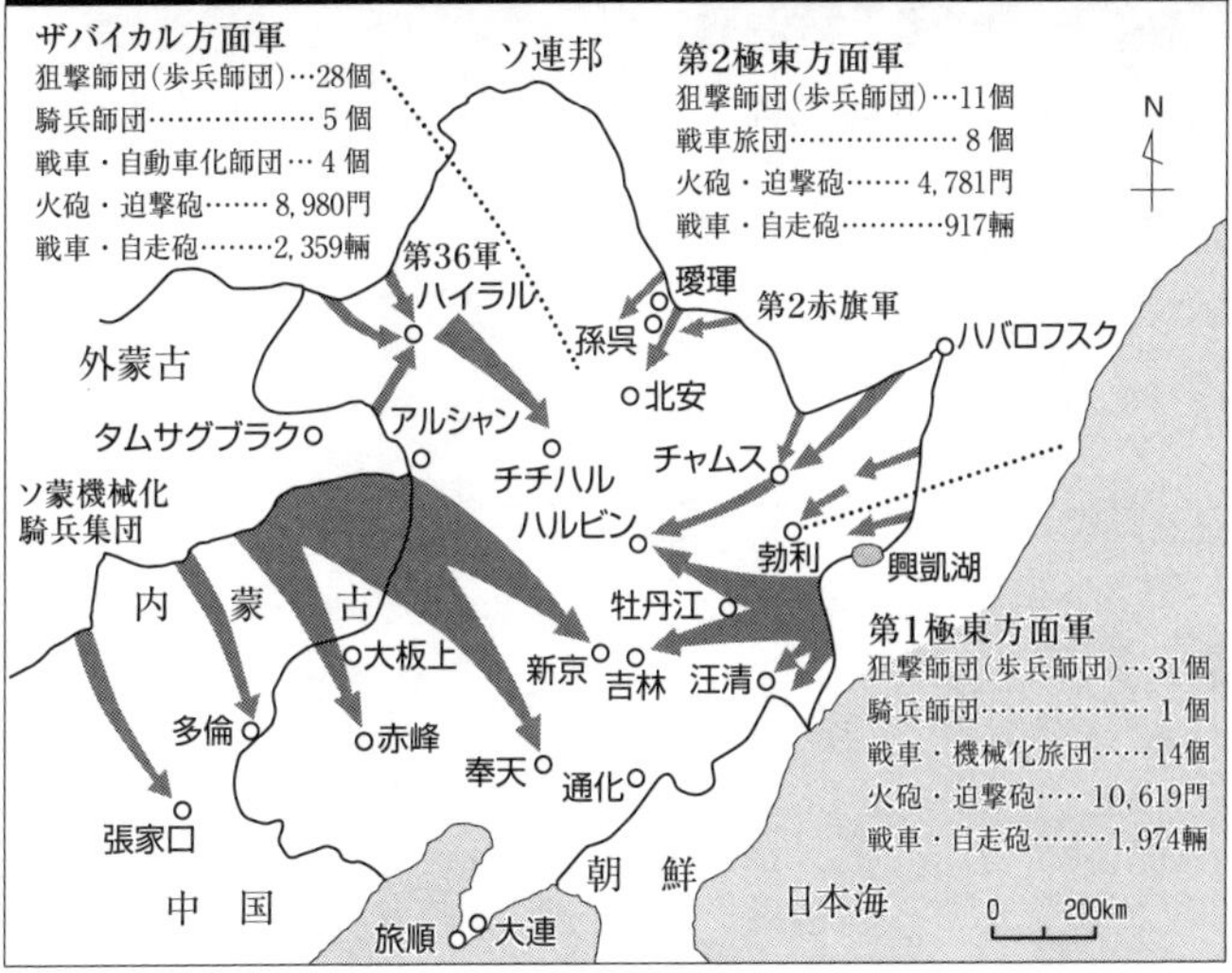

　一方、満洲各地で難民となった日本人は、各都市の日本人会によって小学校や官舎や寮に収容され、集団生活を送りましたが、やがて極寒の冬が訪れ、衣類、医薬品、燃料などが極端に欠乏するなか、栄養失調や発疹チフスなどで、一九四五年中におよそ九万人、一九四六年五月までにさらに四万人が亡くなりました。別の統計では、軍人・軍属以外に、約一八万人の日本人が敗戦後の満洲で亡くなったとあります。

　生き残った者の大半は数年内に日本に引き揚げましたが、技術者や医療従事者は国民党と共産党双方に留め置かれて使役され、「新生中国の建設に貢献」して、五三年ごろまでにようやく帰ってくることができたのです。

これも伊藤先生の本によりますと、たとえば一九四六年四月の長春付近の両軍の戦闘で、日本の厚生省の資料では、日本人の死者約一五〇人、負傷者約二七〇人、利敵行為の容疑で拉致された者約一〇〇〇人、徴用連行約四〇〇〇人、強制労役約一万二〇〇〇人と記されています。中共軍に処刑された日本人は、軍人・民間人を含めて総数約三五〇〇人で、このほか戦闘要員として元軍人一万～二万人、一般青年約一万五〇〇〇人、担架隊要員として約一万三〇〇〇人が徴用されたと推定されています。加えて、後方勤務として、軍医、衛生兵、病院勤務、雑役として約一万人、看護婦、付添婦として婦人が約二万人、軍需部、運輸部などの要員が六〇〇〇～七〇〇〇人あり、さらにその他に、技術者を主として工場、鉱山に留用した者が三万人以上あったということです。

この日本人のなかには、満洲で国民党政府軍との戦闘に従軍しただけでなく、一部は遠く華南戦線に向かい、あるいは朝鮮戦争では、北朝鮮軍支援のため韓国侵攻に加わった人もいたということです。

大多数の日本人が引き揚げたあとも一万人の日本人が遺され、いわゆる中国残留孤児や残留婦人となりました。彼らは取り残された日本人ですが、中国人の妻や養子として生きたのです。一九七二年の日中国交正常化後に、そのうちの九割は日本に帰国し、現在は若干の残留邦人とその家族が中国に残っているだけです。

満洲の他に、終戦当時、国外にいた日本人は軍人・軍属が三三〇万人、民間人が三三〇万人で、合わせて六六〇万人でした。民間人の引き揚げ者は万里の長城の南のシナが五〇万人、朝鮮四二万人、台湾三二万人、満洲が約一〇〇万人です。

ソ連に連行された日本人抑留者の第一陣、五〇〇〇人が日本に帰ってきたのは一九四六年十二月で、受刑者を含むシベリア抑留者の最後の引揚げ船が舞鶴港に入港したのは、一〇年後の一九五六年十二月でした。

第四章　満洲に移住した朝鮮人

自発的に満洲に移った大量の朝鮮人

いまの吉林省の東部、北朝鮮との国境に接して延辺朝鮮族自治州があります。九州よりも少し広い大きさで、吉林省全体の四分の一近い四万二七〇〇平方キロの面積があります。自治州の南西部にある長白山（朝鮮名は白頭山）を源とする図們江（朝鮮名は豆満江）が北朝鮮との国境で、東方へ日本海に向けて流れています。図們江の河口付近は、ロシアと北朝鮮の国境です。

延辺朝鮮族自治州は、満洲国時代には間島省《かんとうしょう》といいました。間島という名称は、朝鮮語カンドからの音訳です。

中国の人口統計は最近のものはありません。二〇〇〇年の統計では、朝鮮族は全国で一九二万人です。そのうち吉林省に一二〇万人、なかでも延辺朝鮮族自治州に八〇万人います。

韓国人も朝鮮人も、一九一〇年の日韓併合後、日本人に土地を奪われたから満洲に逃げた、と言いますが、それは嘘です。朝鮮よりも満洲のほうが豊かで住みやすかったから、自発的に移住したのです。もっとも朝鮮総督府も、日本人になった朝鮮人が満洲に移住することを奨励したのは確かです。

正確な数字を挙げている名著、ジョージ・アキタ／ブランドン・パーマー著『「日本の朝鮮統治」を検証する』（草思社）によりますと、李氏朝鮮時代は所有権の概念が曖昧《あいまい》だったので、朝鮮総督府は一九一〇～一八年に、近代的測量技術を使って土地調査をおこないました。そして、二七〇万町歩と言われていた耕地が実際には四八七万町歩あることを明らかにしました。じつは耕地の四五パーセントを、支配階級である両班《ヤンバン》が隠匿していたのです。一九二二年に、朝鮮半島における国有地及び日本の法人・個人が保有していた土地は全耕地面積の六パーセントにすぎません。土地を奪ったなどというのは濡《ぬ》れ衣《ぎぬ》です。

さて、間島地方は清朝発祥の地でしたから、清朝では封禁令を出して農民の入植を禁じていました。しかし、朝鮮人はつねに河を越えて入ってきたので、一七一二年、清朝の第四代康熙帝は白頭山定界碑を建てて、ほぼ現在の国境線を定めました。けれども李朝末期になると、朝鮮北部で干ばつなどの自然災害と大飢饉が発生し、多くの朝鮮人難民がこの地方にこっそり移住したのです。

日本が韓国を併合した一九一〇年以降、朝鮮人はますますこの地に移住し、三〇年にはその数は六〇万人に達しました。そのほとんどは貧農層で、漢人（あるいは満洲人だったかもしれません）地主の小作人となりました。


一九三一年の満洲事変以降、満洲に移住する朝鮮人人口は増える一方になりました。それは、先に述べたとおり、朝鮮総督府が朝鮮人の満洲移民に積極的であったことと、失業や貧困を逃れて「機会の場」を求めて、満洲へと向かう朝鮮人青年層が増加したためです。

満洲国と朝鮮の間では、二度にわたって満鮮協定なるものが締結されました。

一九三〇年代前半は、満洲国と関東軍と朝鮮総督府の間には一致した考えがなく、陸軍と関東軍の派閥争いもあって対立関係にありました。しかし、一九三六年に図們で南次郎朝鮮総督と植田謙吉関東軍司令官とのあいだで会談が開かれ、鮮満ブロック経済の確立をめざす鮮満首脳部の経済合作会議や、治安維持・警備・移民問題について話し合いがもたれました。

具体的には、朝鮮人を、満洲国政府の中央および地方官庁、とくに省長、教育庁長、参事官、視学などおもだったところに登用し、満洲国の内部より人心誘導をはかること、朝鮮と満洲国の間に重要品目に関して相互互恵関税を設定すること、鴨緑江をはさんだ新義州・安東間で頻発していた朝鮮人による密輸の取り締まりに関して、相互に協調することなどを決めたのです。

このあと一九三九年の朝鮮の大旱魃《だいかんばつ》時には、奉天をはじめ、満洲各都市には多くの朝鮮人が滞留することになりました。満洲国の中央や地方の行政機関には前述の満鮮協定にしたがい、朝鮮人官僚が登用されたほか、満洲国軍内にも朝鮮人部隊（間島特設部隊）が組織されました。

大東亜戦争勃発後の一九四二年八月に締結された第二次満鮮協定では、満鮮一如の関係を強化助長することがうたわれ、「日本の国籍を有する在満鮮人は、皇国臣民たる本質を基礎として善良なる満洲国人民たる教養をなすこと」などが決定されました。開拓民についても、満洲側は朝鮮側に、送出移民の質的改善をはかることを求め、満洲側では、営農方法について改善策を講じるとともに、保健・衛生・教育・文化の諸施設の整備をはかること、水豊ダム建設資金問題などについて討議しました。

一九三七〜四四年、満洲国政府と朝鮮総督府の共同事業として鴨緑江に築いた水豊ダムは、高さ一〇六メートル、長さ九〇〇メートルの巨大な重力式コンクリートダムで、朝鮮側のダム直下に設置された発電所では、世界最大級の七〇万キロワットが発電されました。その電力は、満洲と朝鮮で二分されたのです。

一九四五年に日本が敗戦したとき、満洲には約二三〇万人の朝鮮人が居住していたといわれています。その中で、朝鮮半島に帰還する人と、そのまま現地に定住する人に運命が分かれました。

戦後、日本人の共犯だとして迫害された朝鮮人

日本が敗戦し、満洲国が崩壊したとき、朝鮮人の八、九割は農村地帯に住んでいました。満洲北部の農村地帯は治安が極度に悪化し、事実上「土匪《どひ》」（武装した匪賊）の支配下に入りました。かれらは「朝鮮人は日本鬼子（グイズ）の共犯」だと漢族の大衆をあおりたてて、朝鮮人に対して迫害と虐殺をおこなったという記事があります。こうした治安の悪化と朝鮮人への排斥《はいせき》が、帰国や引揚げの契機になったということです。

二〇〇万人以上の人口を有する在満朝鮮人の帰国と引揚げについては、資料が乏しく正確に把握することは困難ですが、公的機関の援助を受けず、ほとんど自力で、一九四六年末までに合計七〇万人以上が、四七年には一〇万人前後が朝鮮半島に引き揚げました。その多くは、相対的に、経済的に恵まれた人々だったと思われます。

地域別に見ると、満洲に滞在していた朝鮮人人口の約三分の一を占める、いまの延辺朝鮮族自治州に居住していた朝鮮人の多くは、移住期間が長くすでに現地定着していたため、引き揚げることは少なかったのに対し、移住期間が短く治安状況が悪化した北満洲居住朝鮮人は、まず同胞が多い延辺に向かい、延辺から図們江を越えました。

現代中国が出版した史料によると、中国共産党は、都市に避難してきた大量の朝鮮人を農村

に送り返して、土地を分配するなどの積極策を講じたので、旅費もない貧しい農民や、朝鮮に戻っても生活する場を持たない人々は、現地に留まることになったとあります。

一九四九年に中華人民共和国が成立すると、延辺地区は五二年に延辺朝鮮民族自治区となりました。五五年には延辺朝鮮族自治州に改編になって、今日に及んでいます。

いまの北朝鮮のテレビ・アナウンサーの、特徴のある抑揚をつけた大げさな報道の仕方や、大衆動員のマスゲームなどを、私は日韓併合後の日本文化の影響だとずっと思ってきましたが、最近では、満洲国から引き揚げた人たちが伝えたのに違いないと思います。いずれにしても、カリカチュアライズ（誇張）された日本文化であることには間違いないのですけれど。

第五章　モンゴル人にとっての満洲

辛亥革命のあと北モンゴル独立に動いたモンゴル人

清朝のモンゴル政策は、日露戦争後に一八〇度転換しました。一九〇六年、清は対蒙新政策を発表して、建国以来続いたモンゴル王公の間接支配を廃止し、モンゴル駐留軍を増化させます。これらは日露という脅威に直面した清朝が背に腹は代えられぬ思いで実行した、いわば生き残りをかけた行政改革でした。

一九一〇年、清朝は、蒙地における漢人の活動を制止するいっさいの法令を正式に廃止して、漢人の農地開拓を奨励するようになります。満洲人は清朝最末期に「満漢一家」と言いだすのですが、建国以来、モンゴル人と同盟を組んでシナを統治し、チベット人とイスラム教徒を保護する建前だったのが、清は同盟の相手を漢人に替え、他の種族を切り捨てたのです。これが、一九一一年に辛亥革命が起こった直後に北モンゴルが独立を宣言した理由です。これを中華民国は外蒙古と呼びました。

このとき第一次満蒙独立運動が起こり、日本の川島浪速《なにわ》が、旧知の清朝皇族、粛《しゅく》親王の妹の婿であるハラチン王をはじめ、その他のモンゴル遊牧民に武器弾薬を援助しています。

ところが、この独立運動はうまくいきませんでした。北モンゴルの独立政権が頼みの綱としたロシアは国際情勢を顧慮し、北モンゴルの地域に限って、それも中華民国の宗主権下での高度自治しか支援できないと、モンゴル側の要請を突っぱねました。それは日露戦争後、日本と結んだ三度にわたる日露の密約のせいでした。

一九〇七年の第一次日露協約の際の密約で、北満洲はロシア、南満洲は日本の勢力圏であると定め、また、ロシアは朝鮮における日本の行動を承認する代わりに、日本は北モンゴルにおけるロシアの行動を承認しました。辛亥革命後にモンゴル問題を協議した一九一二年の第三次日露協約の際の密約では、南モンゴルに関して、北京を通る南北の線の東は日本、西はロシアの特殊権益とすることを勝手に決めていたのです。

一九一五年六月、日本の援助を求めたバブージャブに対し、ふたたび川島浪速が動き、大陸浪人や予備将校、日本の満洲駐留軍の一部も加わって、大規模な第二次満蒙独立運動が進められました。しかし、一九一六年六月に袁世凱が急死すると、日本からの支援はすべてストップ

[図14] 日露密約による日本とロシアの勢力圏

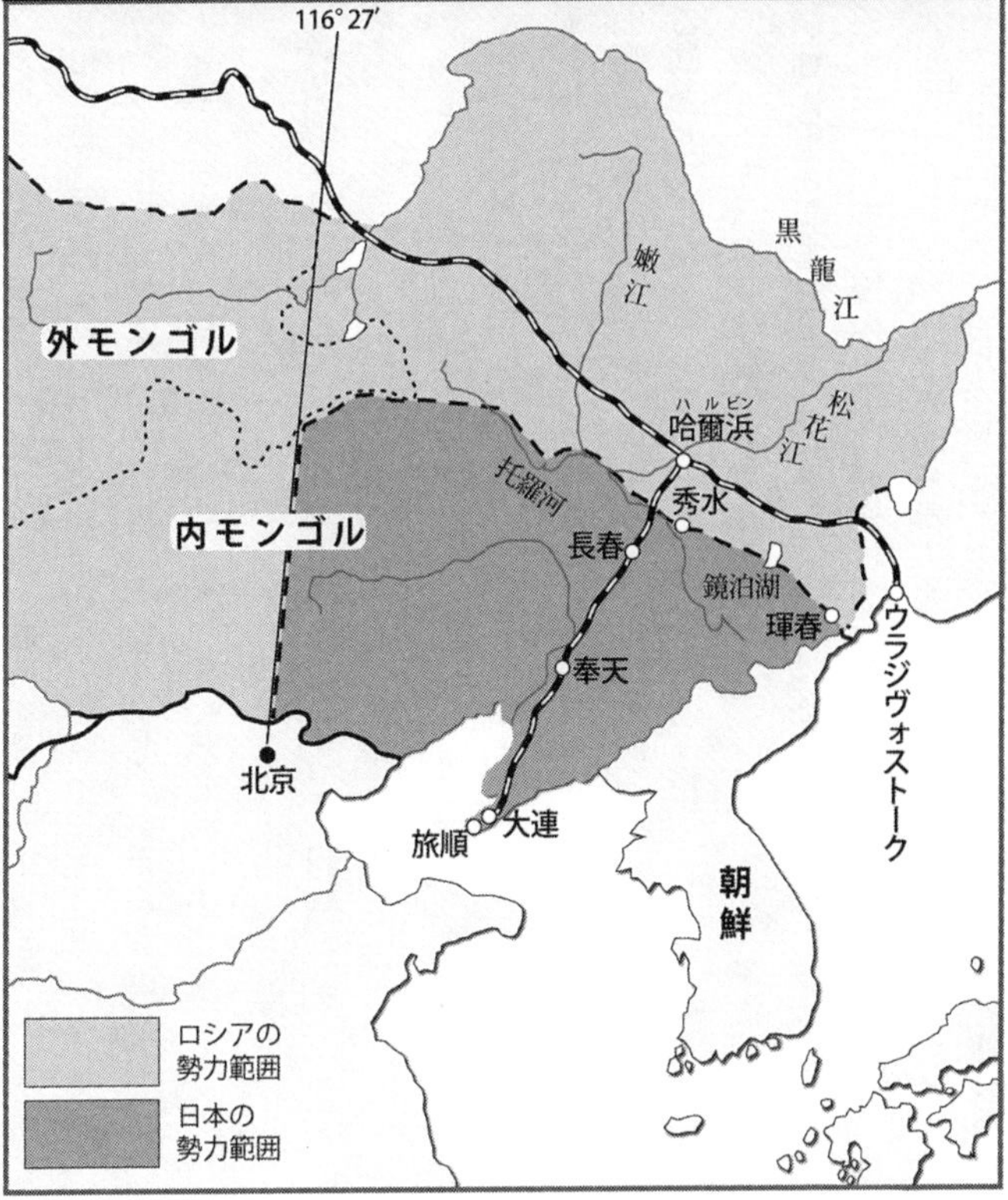

吉田金一『近代露清関係史』（近藤出版社）より作成

され、バブージャブは各地で張作霖軍と戦闘を続けたあげく、林西で戦死しました。

川島浪速はこのあと、バブージャブの二人の息子を養子とし、日本の陸軍士官学校を出た次男のガンジュルジャブは、同じく川島が養女にしていた粛親王の娘、川島芳子と結婚しました。満洲人とモンゴル人の結婚です。しかし三年で離婚しています。

三分割されたモンゴルと徳王の内モンゴル自治運動

このあと紆余曲折《うよきょくせつ》はありましたが、北モンゴルだけがロシア革命で生まれたソヴィエトの援助で中華民国から独立を果たし、一九二四年十一月にモンゴル人民共和国が誕生しました。

中華民国に留まった南モンゴルでは、隣接する各省の漢人軍閥が、自己の利益を求めて、それぞれ勝手に蒙地開拓運動を推し進めました。モンゴル人の牧地は減少し、遊牧民の生活は疲弊するばかりでした。

その後、一九三一年に満洲事変が起こって、一九三二年、満洲国が建国されると、東部内蒙古は満洲国の領土となりました。モンゴルは独立した北モンゴル（外蒙古）と満洲国となった東部内蒙古、中華民国の西部内蒙古に三分割されることになりました。

関東軍は当初、東部内蒙古から漢人軍閥の影響力をとりのぞくため、かつての満蒙独立運動の闘士バブージャブの次男のガンジュルジャブらが組織した蒙古独立軍など、モンゴル知識青

バブージャブの次男、ガンジュルジャブ（写真中央）と結婚した川島芳子（写真左）

年の独立運動を支持しました。しかし満洲国が建国された後は、五族協和という建国理念に伴い、蒙古独立は自治に格下げになってしまいました。

それでも関東軍は、伝統的なモンゴルの牧畜経済を守る配慮をしました。対ソ戦略の一環としてモンゴル人を日本に協力させたいという意図もありましたが、東部内蒙古とホロンブイル地方には、満洲国の特殊行政区域として興安省が設置され、漢人の入植が制限されました。

一方、中華民国支配下の西部内蒙古では、新たな独立運動が展開されていました。チンギス・ハーンの子孫の一人である徳王《とくおう》が国民政府に内蒙自治政府の設立を要求し、蔣介石はこれを承認し、一九三四年に徳王を秘書長とする蒙古地方自治政務委員会が成立しまし

蒙古連合自治政府の主席となり、モンゴルの独立運動を主導した徳王（写真左）

た。

一九三五年、関東軍と国民政府の間で結ばれた土肥原《どひはら》・秦徳純《しんとくじゅん》協定は、関東軍が満洲から越境しない代わりに、宋哲元《そうてつげん》の軍隊は張家口北から撤兵することを約束したものでした。そこで関東軍は、熱河省の承徳《しょうとく》と赤峰《せきほう》に置いた特務機関を使って徳王に働きかけ、西部内蒙古を中国から独立させるための工作を進めました。

関東軍の接触を受けた徳王は対日提携を正式に決定し、自ら満洲国の首都新京に行き、関東軍首脳から蒙古建国への軍事・経済援助の約束をとりつけました。

一九三七年、支那事変が勃発すると、東条英機率いる察哈爾《チャハル》派遣兵団が蒙疆《もうきょう》地域を軍事占領しました。徳王は訪日して天皇に拝謁し、旧知の板垣征四郎に蒙古の独立建国を訴えましたが、かつての満洲青年連盟理事長、いまは蒙疆連合委員会の最高顧問金井章次に、モンゴル地域だけでは採算に合わないと蒙古独立は否定され、徳王を主席とする蒙古連合自治政府が誕生しました。統治下の住民のうち九五パーセントが漢人で、モンゴルの統一はかないませんでした。

このあと一九四一年に蒙古連合自治政府は蒙古自治邦となりますが、日本の敗戦によって崩壊してしまいました。戦後、北モンゴルへ脱出した徳王はウランバートルで拘束され、北京へ送還されます。日本と組んでモンゴルを離反させようとした裏切り者の漢奸として服役し、一九六三年、重い肝炎で恩赦が認められて釈放され、一九六六年、内モンゴル自治区のフヘホトで、肝臓がんのため死去しました。

日露両軍が激突したノモンハン事件

一九二四年に誕生したモンゴル人民共和国は、一九二七年の蔣介石による反共クーデターで国共合作が崩壊したあと、コミンテルンが「極左路線」を採用し、旧王公・仏教僧侶・裕福な牧民の家畜没収、遊牧民の強制的集団化、反宗教運動、下級僧侶の強制的還俗、個人商業の禁止などがおこなわれました。その結果、家畜数は三〇年の二三〇〇万頭から三二年には一六〇〇万頭に激減しています。満洲国が建国されると、モンゴル人民共和国で、親ソ政策に対する叛乱が起こりました。「われわれの宗教を守ろう」というこの暴動を、当時八〇万のモンゴルの人口の四五％が支持したということです。

一九三〇年にようやく独裁権を握ったばかりのスターリンにとって、そもそも満洲国の建国は、日本軍がシベリア鉄道を分断できる土地に進出したことを意味し、非常な脅威でした。スターリンはあわててモンゴルの実情を調査し、重点的な経済援助をはじめます。

一九三九年のノモンハン事件（モンゴル側はハルハ河戦争と呼ぶ）は、満洲国とモンゴル人民共和国の国境をめぐる紛争ですが、実際には日本軍とソ連軍の衝突でした。

事件の根底にあったのは、国境線が関東軍の主張のようにハルハ河か、それともモンゴル側の主張のようにハルハ河から東に一五キロ入ったところだったたか、という問題です。

関東軍がハルハ河を国境線とみなした根拠は、シベリア出兵のときに旧ロシア軍から奪取した地図でしたが、これ自体がモンゴルの実情を知らないときにつくられた地図でした。ノモンハンという地名は、ハルハの旗長だった僧侶の称号「ノモン・ハーン（法王）」に由来し、ハルハ河をはさむノモンハン一帯は、伝統的にモンゴル人民共和国の国民であるハルハ部族の遊牧地でした。遊牧民にとっての河は、両岸まとめて一つの遊牧単位で境界にはならないし、満洲国ホロンブイルに住む新バルグ族はもともとハルハ部の家来でしたから、モンゴル側の主張の方に根拠があったのです。

ノモンハン事件に先立つ一九三五年のハルハ廟事件のあとの満洲里会議で、当時のモンゴル人民共和国首相ゲンデンは、モンゴル国と満洲国が対等に平和な隣国関係を結ぶことを願って国境確定に柔軟な態度で臨みました。しかし、かれはスターリンに呼びつけられて首相兼外相を解任され、満洲国側代表の一人だった興安北省長凌陞《リンシェン》（ダグール人）は、ソ連のスパイという名目で日本憲兵隊に処刑されました。

スターリンはこのあと、モンゴルに対して本格的な軍事援助に乗り出し、一九三六年ソ連とモンゴルの間で相互援助条約が締結されます。

ノモンハン事件の紛争拡大をまねいた最大の原因は、参謀辻政信《つじまさのぶ》少佐起案の「国境線が明確でない拠点においては、防衛司令官が自主的に国境線を認定して、これを第一線部隊に明示する」とある項目です。つまり、国境線を勝手に決めてそれを現地に指示したというのです。そこに住むモンゴル人の意見などまったく聞く耳を持たなかったのでしょう。

日本軍は、ジューコフ指揮下のソ連軍機械化部隊に敗退し、国境はほぼソ連の主張通りに確定しました。日満軍の参戦部隊総数は七万、そのうち一万八〇〇〇余人が戦死、二万何千人かが負傷、日本軍だけでも戦死・行方不明者九〇〇〇人、死傷率七〇％です。

ソ連軍の消耗は、ノモンハン戦直後のタス発表では戦死三〇〇〜四〇〇〇人、負傷九〇〇〇人でしたが、いまでは、勝者であるソ連・モンゴル軍の死傷者数も、戦病死を除いて一万九〇〇〇余人という大被害だったことが、ロシア人学者によって明らかにされています。

中国の内モンゴル自治区で起きた悲劇

戦後のモンゴルについても説明しておきます。スターリンが対日参戦の条件として英・米両国に認めさせたのが、一九四五年二月のヤルタ協定の第一条「外モンゴルの現状は維持される」でした。この協定にもとづき、それまでモンゴルに対する主権を主張しつづけていた蔣介石の中華民国とソ連の外相間に、同年八月十四日、覚書が交換されました。

そして覚書どおり、全有権者の九八・四パーセントが参加した国民投票が一九四五年十月におこなわれ、独立反対は一票もなく、一九四六年一月、国民党中国によって正式にモンゴル独立は認められました。しかし、これは同時に現状維持の承認でしたから、ソ連は内蒙古（南モンゴル）に関しては中国の主権を認めたのです。

一方、南モンゴルは一九四六年に満洲国興安総省省長ボインマンダホが東蒙古人民政府を樹立しました。四月に承徳（熱河）で内蒙古統一会議を開催しますが、この政府はソ連やモンゴルからも蔣介石からも相手にされず、中国共産党が一九四五年十一月に張家口で組織した内蒙古自治運動連合会に吸収合併されました。

そして一九四七年五月、共産党がかわいがっていたウラーンフー（烏蘭夫）が代表になり、内蒙古人民政府が成立しました。興安省のモンゴル人たちはその下に入り、技術者や役人など、日本留学組の優秀な人たちが、今度はモンゴル人の政府のために大いに働こうと希望を抱きました。

その後、一九五六年に西部内蒙古のウラーンチャブ盟、イェケジョー盟、アラシャン旗、エジネ旗が内蒙古に加わります。東部内蒙古という満洲国側と中央の徳王の自治運動、延安の北の共産党系とがひとつになり、西を合体させて内モンゴル自治区になりました。

ところが、一九五七年、反右派闘争が始まります。そのあたりから漢人がどんどん入って遊牧民の集団化が進み、一九五九年に人民公社化が完了します。なおも大量の漢族が入植してきて、一九六六年、内モンゴル自治区から文化大革命が始まりました。

文化大革命では真っ先にウラーンフーが失脚し、モンゴル人が大量虐殺されました。日本の陸軍士官学校や満洲の興安軍官学校で日本型近代教育を受けたモンゴル軍人は、漢人共産党員にとっては邪魔な存在でしかなかったのです。満洲とチベットの「解放」にモンゴル騎兵たちの能力を役立てたあとは、日本のスパイという罪名でかれらすべてを殺しました。内モンゴル出身で日本に帰化した楊海英氏によると、文革の最中に、一家族に一人の割合で被害に遭ったのだから、これはジェノサイドだということです。

一九六九年、中ソ国境紛争が始まると内蒙古が前線基地化して、一九七〇年には内蒙古自治区は三分の一に縮小されました。中国人はソ連側にも同族のいるモンゴル人を信用していなかったのです。

一九七九年に領域は戻りましたが、二〇〇四年の人口統計では内モンゴル自治区人口二四〇〇万人のうち、漢族が八〇パーセント、モンゴル族は一七パーセントで、残りはツングース系の少数民族です。モンゴル自治区とは言いますが、モンゴル人の自治など、どこにもありません。

第六章　満洲で少数派の悲哀を味わったロシア人

過酷な運命に翻弄されたロシア人たち

日本人はロシア人の立場から満洲を見よう、なんて考えたこともないでしょう。最近は、生田美智子編『満洲の中のロシア』（成文社）をはじめとする、アジアにおけるロシアの研究が進んでいます。今回、私はいろいろなものを読んで、ロシア人も二〇世紀にはずいぶん苛酷《かこく》な運命に翻弄されたのだとわかりました。日本人はシベリア抑留ばかりを思い出しますが、ロシア人も負けず劣らずひどい目に遭ったのです。

ところで、だれをロシア人と呼ぶか、という問題は、だれが中国人か、と同じくらい、日本人にとってはわかりにくいことです。

ロシア人という民族概念は、ロシア臣民・国民の総称なので、ユダヤ人やウクライナ人やアジア系の民族も含まれる、というのが正式な回答です。

でも日本人にとって、ロシア人は、ヨーロッパ・ロシアにいるスラブ系の人たちのことでしょう。ロシア語でロシア人は「ルースキー」といい、ロシア語も「ルースキー」ですが、これは「ルーシ人」「ルーシ語」という意味です。「ルーシ」は、九世紀にはじまるロシアの起源となった言葉で、「ロシアーニン」というロシア語は、かつてはロシア帝国のスラブ系でない臣民、つまりユダヤ人やウクライナ人やその他アジア諸民族を指したそうです。ソ連時代にも、ルースキーが、われわれが考えるロシア人のことで、ロシアーニンは、いまは独立してしまったソ連邦の共和国の人々のことだったと聞きました。

つまり、国民の中に、由緒ある支配階級と、あとで加わった人々の二段階があるということです。いまの「中国人」が、大多数の漢人と、モンゴル人、チベット人、ウイグル人などの「少数民族」も含めた言葉であるというのとたいへん似ていると思います。

さて、このあと、ロシア革命前後に満洲という土地で翻弄されるロシア人の運命について見ていきましょう。

第一期：一八九八年の東清鉄道建設から一九一七年のロシア革命まで

満洲のなかでもとくにハルビンにロシア人がたくさん移住してきたのは、一八九六年の露清密約がはじまりです。

日清戦争で日本に敗れ、下関まで来て屈辱的な和平を結ばされた清の李鴻章は、密かにロシアと組む決意をしました。一八九六年、ニコライ二世の戴冠式《たいかんしき》列席のためにロシアを訪問した清の全権大臣李鴻章に、ロシア蔵相ウイッテから三〇〇万ルーブルという莫大な賄賂が手渡され、日本の侵略に対して露清共同で防衛にあたるという秘密同盟条約（李＝ロバノフ条約）が結ばれたのです。

ロシアは三国干渉によって日本の遼東半島領有を阻止しただけでなく、清国政府が日本へ支払う賠償金をフランスの銀行から借款する口利きをして恩を売り、満洲里から沿海州のポグラニチナヤに至る一五〇〇キロの東清鉄道敷設権を獲得しました。

東清鉄道の建設にやってきたロシア人技師たちは、ロシア本国から海路ウラジヴォストークに到着し、ハバロフスクからアムール河と松花江をさかのぼってハルビンに到着しました。ハルビンの都市建設は、清国と結んだ条約の「鉄道付属地」の権利内容を違法に拡大したものでした。ハルビンではまずロシア正教のニコライ聖堂を建て、その後、多数のシナ人労働者が鉄道の建設資材を運んだ通りが、キタイスカヤ（中国人街）になりました。

一八九八年には、ロシアはハルビンから南下し、旅順、大連に至る、一〇〇〇キロの東清鉄道南部支線の敷設権と、遼東半島南部地域の租借権も手に入れました。

日本から遼東半島を清に返却させておきながら、自分は何の苦労もしないで、遼東半島を清から取り上げたのです。当時の日本人がどんなに悔しく思ったか、想像してみてください。

さて一八九九年に山東半島で義和団の乱が起こると、その知らせはいち早く満洲に伝わりました。なぜなら、前述のように、満洲に入植した漢人たちは山東半島の出身者が多かったからです。

そもそも、一八九七年にロシアが東清鉄道を敷設し始めると、土地の強制収奪に反対する農民の自営組織と、鉄道建設によって生活の糧を奪われる運送業者が、ロシアに対するゲリラ戦を展開するようになっていました。それで、故郷で起こった義和団事件に呼応して、満洲を統治していた清軍もまきこんだ外国人排斥の大暴動がはじまり、教会が襲われ、鉄道の組織的破壊もおこなわれました。

第一部でも述べましたが、このときロシアの陸軍大臣クロパトキンは「ねがってもない好機だ、これで満洲を抑える口実ができた」とウイッテに語ったということです。

一九〇〇年、東清鉄道の保護をうたった一七万七〇〇〇のロシア軍は、六方面から一斉に満洲に侵攻しました。アムール河の北にあるロシア領ブラゴヴェシチェンスクには、清国人三〇〇〇人がコックやお手伝いさんとしてロシア人家庭で働いていたのですが、ロシア軍はまずかれらを虐殺してアムール河に投げ込み、河を渡って清国領の黒河鎮と愛琿城を焼き払いました。たまたま、このときブラゴヴェシチェンスクに語学留学中だった日本軍人の石光真清《いしみつまきよ》さんが、のちにこの「アムール河の流血事件」について報告を残しています。かれの回想録は文庫判四冊で刊行されており、馬賊の妻になった日本女性など、当時の満洲について、ひじょうに興味深い話がたくさん入っています。

北京に進軍した二〇万人の義和団は、西太后をはじめとする保守派から義兵として歓迎され、清国が列国に宣戦布告をしたので、このあと北清事変と呼ばれることになります。

義和団が列国公使館の集まった紫禁城東南の東交民巷を包囲し、日本軍が半数近くを占める二万近い八カ国連合軍が、五五日間の籠城戦からようやく外交団を解放している間に、ロシア軍は満洲のチチハル、長春、吉林、遼陽、瀋陽を占領し、各地で清国人を殺戮しました。

ロシア軍の満洲制覇が完了した一九〇〇年末、それまで敷設された東清鉄道線路一二〇〇キロのうち、三分の二が破壊されていたといいますが、ロシア軍がどれだけの数の中国人を殺害したかは、あきらかではありません。

ロシアがこうして満洲全土を征圧したことが、一九〇二年の日英同盟につながり、一九〇四年の日露戦争につながっていくのです。

一九〇五年のポーツマス条約で、ロシアの勢力圏は北部満洲に限定されることになりました。

ロシア政府の満洲関係予算も減額されました。それでもロシア人は満洲の「文明化」という使命を標榜し、ハルビンを中心に、農林水産業、商工鉱業、軍隊、官吏などのさまざまな職業に従事していました。

一九一一年には辛亥革命が起こり、一九一二年に中華民国が樹立されて清朝が滅びましたが、満洲北部のロシア人の生活にたいした変化はありませんでした。一九一三年におこなわれた人口調査によりますと、七万人弱のロシア人がハルビンで暮らしていました。ハルビンに暮らす民族（エスニック・グループ）は五三もあったということで、最多のロシア人（この場合は狭義のスラブ系でしょう）が三万四三一三人、中国人が二万三五三七人、ユダヤ人五〇三二人、ポーランド人二五五六人、日本人六九六人、ドイツ人五六四人、タタール人二三四人、ラトヴィア人二一八人、グルジア人一八三人、エストニア人一七二人、リトアニア人一四二人、アルメニア人一二四人です。

第二期：一九一七年のロシア革命から満洲国になるまで

ハルビンのロシア人にとって最大の変化は、一九一七年のロシア革命でした。ハルビンでもレーニンのきもいりで労農ソヴィエトが形成されましたが、ロシア人中東鉄道長官（清朝が滅んで中華民国になったので、東清鉄道は中東鉄道と名前を変えました）は中国軍の出動を要請し、革命派勢力を鎮圧してソヴィエトを解散させています。

ロシアから大量に難民が流入してきました。二〇年代はじめが中国における亡命ロシア人の人口のピークだということで、約一五万〜二五万人といわれています。

満洲に亡命したロシア人の第一の特徴として、一番多かったのが、農民（四四・八％）、コサック（一七・五％）、ついで商人（九・五％）、労働者（六・四％）、貴族（三・六％）ということで、パリなどへ亡命した貴族が裕福だったのにくらべて、ハルビンへ亡命したロシア人の多くは貧しかったといえます。

第二の特徴として、満洲における亡命者の多くが、残留中東鉄道勤務者だったという点です。ハルビンのロシア系住民は二つの層になりました。つまり、革命以前から満洲に住み着いていて無国籍者に転落した古参住民と、革命後に流入した亡命者・難民です。

難民のなかにはかなりの数のインテリや高学歴層がいました。かれらがハルビンにやってきたおかげで、ハルビンは華やかな在外ロシア文化の開花期を迎えました。

その一方で、本国から切り離されたロシアの政治的影響力は次第に低下しました。ロシアの混乱に乗じて、中国当局は中東鉄道沿線の軍事・警察権の回収と、貨幣制度の回収もおこないました。ロシアの通貨が流通し、ロシア語が話されていた鉄道付属地は「東省特別区」と改称され、ハルビン市の自治権も中国に回収されました。道路の名称もロシア語表記から中国語表記に改称され、ハルビンは中国の町へと変化していったのです。

決定的だったのは、一九二四年五月に北京で締結された中ソ協定です。これにより、中華民国はソ連を承認し、中ソは正式に国交を樹立しました。続いて同年九月、満洲を実効支配していた東三省自治政府（奉天政府）との間に奉ソ協定が締結されました。これにより、中東鉄道は警察部門が切り離され、中ソ合弁の純粋な営利企業となりました。

ソ連は鉄道のソ連化に着手し、主だったポストにはソ連から共産党の役人が派遣されてきました。中東鉄道の古参幹部が逮捕されたり解雇されたりして、一九二五年七月から、中東鉄道では、ソ連国籍者と中国国籍者だけが働けることになったのです。

旧ロシア帝国民は、ソ連国籍を取得するか、中国国籍を取得するか、鉄道の職を辞するかの選択を迫られました。大多数の人たちはロシア帝国の継承国家としてのソ連を認めず、ソ連国籍取得を拒絶して無国籍となり、失職しました。

中東鉄道の仕事は失いたくないけれども、ソ連国籍取得までは踏み込みたくない旧ロシア帝国民は、中国国籍を取得しました。かれらのパスポートには旧ロシア帝国民と書かれてあり、実際に取得したのは在外居住証のようなものでした。

ある統計によれば、一九三〇年代はじめの東省特別区には、無国籍者が三万四四人、ソ連国籍者が二万六六三三人、中国国籍ロシア人が六七九三人住んでいたということです。

ソ連からハルビンに赴任してきたロシア人は「純粋ソ連人」「モスクワからの出張者」と呼ばれました。中東鉄道は、高給だし、社宅もあり、医療費も教育費も無料で保養施設もあり福

着飾って街を闊歩する満洲国のロシア人女性

利厚生が充実していたので、建設のときから勤務していた古参の鉄道員は、慣れた生活を捨てることが難しく、まだ革命や内戦の恐ろしさも知らなかったので、職を失いたくないためにソ連国籍を取得しました。けれども、かれらは「半ソ連人」と言われて差別されました。

一九二九年、奉天政権の張学良は、武力で中東鉄道の管理権をソ連から回収しようと行動を起こしました。ソ連領事館に中国の警察が入って三九人の共産主義者を逮捕、中東鉄道の中央電報局でも九人が逮捕され、ソ連系企業が閉鎖されました。その後、鉄道沿線でソ連国籍の鉄道従業員二〇〇人以上が逮捕されました。

ソ連は中国に対してストライキを呼びかけ、鉄道員は一斉にソ連に帰国しました。ストライキに参加せず中東鉄道に残った鉄道員は、その後「非帰還者」「反対者」と呼ばれるようになります。

年末に紛争が収束したあとも、ソ連に引き揚げた鉄道員たちはハルビンに戻ってきませんでした。高価な毛皮を身にまとったかれらはブルジョワ化したとみなされ、持ち物を没収されたのです。かれらのその後の運命はわかりません。

一方、ハルビンに残留したソ連人の「非帰還者」はスト破りの裏切り者とみなされ、職場を追われたり、ソ連に強制的に引き揚げさせられました。引き揚げたあと結局、かれらはソ連で粛清されました。どちらにしても、一度でもハルビンに住んだことのあるロシア人たちを、ソ連という国家は信用しなかったのでした。

第三期：満洲国時代のロシア人

一九三一年九月、日本の関東軍が奉天郊外の柳条湖で満鉄線路を爆破し、満洲事変が始まりました。一万人強の関東軍は南満洲の主要都市をたちまち占領し、さらに独断越境した約四〇〇〇人の朝鮮軍の増援を得て北満洲に進出しました。十一月には黒龍江省の首都チチハルを占領し、翌三二年二月のハルビン占領によって東三省の制圧が終わります。

このときソ連は第一次五カ年計画の実行中で、国力充実が優先課題だったので、関東軍がチチハル、ハルビンを占領したにもかかわらず、中立不干渉を声明しました。

一九三二年三月、東北行政委員会が満洲国の建国宣言をおこない、このとき清朝最後の皇帝・溥儀が、執政という名の元首につきます。

建国宣言には、順天安民、民本主義、民族協和、門戸開放などの理想が述べられ、王道楽土を建設することがうたわれました。漢人・満洲人・モンゴル人・日本人・朝鮮人の五族および領内のすべての住民は平等な待遇を受けるとありましたが、主要民族のなかにロシア人はなく、単なる住民というあつかいでした。ただし、満洲国の「五族協和」は、清朝の満・漢・蒙・蔵・回を起源とする、中華民国の「五族共和」を意識してとなえただけですから、五という数字は枕詞《まくらことば》のようなものです。

日本は満洲の諸民族を統合するために協和会を設立し、一九三三年にはロシア人部も設置されましたが、誇り高いロシア人にはうまく機能せず、一九三四年に旧ロシア帝国民に特化した白系露人事務局が開設されました。事務局員は全員ロシア系住民で、日本人は一人もいませんでした。これによって日満当局は、ロシア住民を一元管理しようとしたのです。

そうはいっても、満洲国の白系ロシア人社会は、本章の最初に述べたように、ロシア人、コサック、ウクライナ人、グルジア人、ユダヤ人、タタール人などから構成されており、ロシア正教にもとづく学校の他、ユダヤ教系の学校やイスラム教系の学校もありました。また、ハルビンにはカトリックやプロテスタントの外国人経営学校もあり、白系ロシア人子弟は、そこで学ぶことも珍しくありませんでした。

日本は、亡命ロシア人を対ソ戦略に利用するために、伝統的なロシア文化の保持を支持しました。けれども、一九四一年に日ソ中立条約が調印されると、それまでの反共を表面的にはとなえられなくなりました。

満洲国ができたあと、中東鉄道は、中ソ共同経営から満ソ共同経営となりました。日満当局は、中東鉄道からソ連を排除するためにあらゆることをしたといわれています。その結果として中東鉄道は赤字企業に転落したので、一九三五年、中東鉄道売却に関する調停が、ソ連と満洲国の間で締結されました。

ここで今度は、ソ連人はソ連に引き揚げるか亡命者になるかの二者択一を迫られました。大量のソ連への引揚げ者の中には、「純粋ソ連人」も「半ソ連人」もいたのですが、ハルビンからの引揚げ者の多くは帰還亡命者と呼ばれ、特別のエスニック・グループのようにあつかわれました。一九三七年にソ連ではじまる大テロルのときには、かれらは「ハルビンツィ（ハルビン人）」というだけで粛清されました。スパイ活動や破壊活動をおこなうさまざまな民族出身の分子を殲滅《せんめつ》する指令が下されたとき、「ハルビンツィ」のリストは二万五〇〇〇人に達していました。

満洲国鉄となった旧中東鉄道は、満鉄が満洲国から委託されて経営することになります。引き揚げたソ連人の代わりに二〇〇〇人の日本人が鉄道員としてやってきました。

中東鉄道売却により主立ったソ連人が引き揚げたあと、ハルビンに残った六〇〇〇人のソ連人は、白系露人事務局に対抗して、ハルビン・ソ連居留民会の設立を申請し、満洲国はこれを許可しています。

第四期：一九四五年のソ連軍の満洲侵攻から六〇年代初頭の亡命ロシア人の引揚げ

一九四五年八月九日、ソ連は対日宣戦布告をすると同時に満洲に攻め込みました。関東軍とソ連軍の戦闘は約二週間で終了しました。ソ連軍がハルビンのロシア住民からかなりの援助を受けたことは今日では広く知られています。

ハルビンのロシア系住民は親ソ派と反ソ派の二つに分かれていました。親ソ派の住民は、ソ連軍がハルビンに入城したとき、その手引きをしました。そもそもソ連軍が到着する前に重要拠点を破壊させることなく占領し、道順を示しながら日本軍の兵舎や重要施設にソ連兵士を案内したのです。

多くの亡命ロシア人も花束を持ってソ連軍のハルビン入城を大歓迎しましたが、歓迎ムードはすぐに恐怖に変わりました。満洲を征圧したソ連軍は、著名人の名で愛国集会への招待状を送り、参集した亡命ロシア人を一網打尽に逮捕し、ソ連に連行しました。また、ソ連軍は白系露人事務局の書類を押収し、一万五〇〇〇人から二万人の亡命ロシア人が対日協力の咎《とが》で逮捕され、ソ連に連行されました。

ハルビンではソ連領事館がロシア系住民を統制下に置き、亡命ロシア人にソ連パスポートを給付しましたが、一九二〇年代と同じく発行したのは「在外居住証」にすぎず、ソ連の将校らは、かれらを「戦利品の市民」とみなして二流市民としてあつかいました。

一九四九年に中華人民共和国が樹立されると、当初は中ソが一枚岩の団結を誇ったため、ソ連から多くの専門家やアドバイザーが赴任しました。かれらはハルビン・ロシア人を露骨に差別しました。中東鉄道は、大挙してやってきたソ連の専門家と中国人により共同経営されました。

一九五二年、中東鉄道（長春鉄道）が中国に返還されると、ロシア人の生活は苦しくなります。それでもスターリンのソ連に引き揚げようとする人はほとんどいませんでした。スターリンが五三年に死んだあと、ハルビンのソ連領事館は、ハルビン・ロシア人に、カザフスタンやアルタイなどの処女地開拓に行くことを条件として引揚げを許可しました。

一九五四～五五年、中国からソ連への大量引揚げが続きました。ソ連に引き揚げる人は自己の財産を処分する権利がありましたが、第三国に第二次亡命する人は、すべての財産を中国政府に没収されました。ハルビンに残留する選択をした人はほんの一握りでした。

こうして、満洲のロシア人社会は実質的に消滅したのです。

おわりに

満洲国に関する私の本は、一番はじめが『世界史のなかの満洲帝国』（ＰＨＰ新書、二〇〇六年）で、これは『世界史のなかの満洲帝国と日本』（ワック、二〇一〇年）として再版され、原版は電子書籍になっています。

次に、『真実の満洲史［１８９４―１９５６］』（ビジネス社、二〇一三年）が刊行され、これが若干の改訂とともに新書化されて、『日本人が知らない満洲国の真実　封印された歴史と日本の貢献』（扶桑社新書、二〇一七年）になりました。

書籍としては四冊ありますけれども、実質は二冊ですから、本書が私にとって満洲国について焦点をあてた本としては三冊目になるわけです。

そもそも私がなぜ満洲史を研究しようと考えたのかというと、京都大学文学部以来ずっとモンゴルの歴史を研究してきて、モンゴルの通史を書いてほしいと言われ、紀元前一〇〇〇年から西暦二〇〇〇年までの遊牧民の歴史を書くことにしたからです。この『モンゴルの歴史　遊牧民の誕生からモンゴル国まで』（刀水書房、二〇〇二年）は、二〇一八年には増補新版が刊行されています。

満洲国にもたくさんのモンゴル人が暮らしていましたから、このとき満洲国に関するいろいろな本を読みました。そして、戦後日本で刊行された満洲関係の書籍が、あまりにも思想的に偏っていることがわかって心底あきれたので、自分で調べて書こうと考えたのです。

最初に書き下ろしたＰＨＰ新書版は、きわめて真面目に史実を並べてありますので、ぎゅっとつまっていて難しいと言われます。でも私はいまでも講義をするときには、この中のデータを使います。教科書として利用してもらえるようにつくった本です。

今回、本書第二部の満洲人の運命について書いた部分に、「一六五三年には遼東招民開墾例を出してシナから農民を入植させようとした」とあり、「開墾例」はたぶん誤植だと思ってあれこれ調べましたら、インターネット上もすべて拙著『世界史のなかの満洲帝国』の年表を引用して、この通りに書いてありました。これは「遼東招民令」が正しいのです。「例」なんて変に決まっているのに、いかに私の本が信用されているか、ということがわかって驚くと同時に責任を痛感します。ほかに満洲の通史を書いた本がないのですね。誤植にいままで気づかなくて本当に申し訳ありません。

二冊目のビジネス社のほうは、倉山満氏の質問に答える一問一答形式ですので、わかりやすいのですが、歴史の流れを知る点では欠けます。それで、扶桑社新書にするときにＰＨＰ新書の年表をそのまま使用しました。右の誤植も継承していて恥じ入っています。

三冊目になる本書は、満洲史に関する私の講義録を起こして、それを中心に組み立てました。清朝史や明治維新以来の日本の近現代史は、私の別の本と叙述が重なる部分があります。それでも歴史の流れを語るという面では欠かすことができないので、ご了承下さい。本書だけのオリジナルが、第二部「五族から見た満洲」です。

私はいまだに満洲については勉強中ですし、日本の近現代史はもっと初心者です。読者のみなさまも、私を信用してくださるのは嬉しいのですけど、私の本を読んで批判精神を身につけたあとは、ほかの本も読んで自分自身で考えるように心がけてください。日本人が真実を知って判断を誤らないことに、日本の将来がかかっているのですから。

最後になりましたが、旧知の徳間書店の編集者、力石幸一さんが、『かわいそうな歴史の国の中国人』『悲しい歴史の国の韓国人』（両方とも二〇一四年）、『日本人が教えたい新しい世界史』（二〇一六年）に引き続き、本書の編集も担当してくれました。御礼申し上げげます。

二〇一九年二月

宮脇　淳子

【解説】 日本人の歴史観を変え、遊牧民に寄り添う良書

日本に歴史学を学びに来る外国人は以前から多いです。宮脇（岡田）淳子先生の御主人でいらっしゃる岡田英弘先生をはじめとする碩学《せきがく》が世界の歴史学界をリードしてきたからです。一九九〇年代までならば、著名な欧米人の学者も日本語の著作を読むよう努力していました。それ以降は、若いモンゴル人と中国人が大挙して留学してきています。日本には、淳子先生がおられ、『満洲国から見た近現代史の真実』のような著作を世に送り出しつづけているからです。

モンゴル人は別として、「悠久の歴史」像の強い中国からも日本に学ぼうとする人が大勢いるのは、かの国の人間にとって、「歴史はすべて政治」だからです。その為、現代中国は過去の出来事について語る時も、例えば、満洲国ならば必ず「偽満洲国」でなければなりません。中国こそ唯一の正統政権で、他は「偽」だという政治的言説が優先されているからです。私の友人で、内モンゴル自治区の大学や研究所に勤めている人たちも論文や本を書く時には絶対に「偽満洲国」と表現しない限り、公開されることはありません。本当は、満洲国を経験したモンゴル人と満洲人、それに中国人（漢人）にとっても、日本統治時代は今の中国より遥《はる》かに優れていたのです。具体的にどの点で先進国だったかについては、本書を繙《ひもと》けば、その歴史的脈絡と実態がリアルに伝わってきます。満洲国の創建をリードし、五族協和の一員だった日本人も読みなおすべき著作です。

私も右で述べたような情景の中で、岡田英弘・淳子の両先生に拝眉《はいび》し、薫陶を受けたものです。東京は駒込《こまごめ》の六義園《りくぎえん》近くの研究室を初めて訪問した際には、ハーバード大学の助教授（当時）だったマーク・エリオットさんも来ていました。彼は名著『満洲の道』（*The Manchu Way*, 2001）を上梓《じょうし》してまもなく、米国の「新清史」の登場が宣言された直後で、世界史学界のスターとして輝いていました。そのマークさんも実は両先生から直接教えを受けていました。

今も大きな影響力を発揮し、中国に衝撃を与えた「新清史」とは、清朝の公用語である満洲語とモンゴル語、それにチベット語とテュルク系諸言語による第一次史料を丹念に読み込み、その上で文化人類学の理論を駆使して満洲人とモンゴル人の民族意識の変容について分析する歴史学です。岡田・宮脇両先生をはじめとする日本の清朝史研究者にとっては、さほど斬新《ざんしん》ではなかったのですが、欧米と台湾、それにモンゴル国では好意的に歓迎された手法です。

歴史学者ならば、第一次史料を読み込むのは当然の作業ですが、中国の「歴史学者」はそれができないのです。彼らにとって歴史は政治である以上、漢文以外はほとんど読めないし、読もうとする努力もしません。満洲語とモンゴル語は「野蛮人」の「立ち遅れた」言語で、読む価値がない、と政治判断しているからです。当然、中国の「歴史学界」から魅力的な学説が現れることもないのです。淳子先生が一連の著作内で繰り返し強調し、市民にも分かりやすく伝えている日本の学説は米国の「新清史」に影響を与えています。

岡田・宮脇両先生の著作と米国発の「新清史」の学説を体系的に紹介していたのは、満洲出身の満洲人で、台湾で八旗文化出版社の編集を仕切っていた富察《ふさつ》（李延賀《りえんが》）です。彼は日本の満洲国経営の真実を紹介することで台湾人の歴史認識を根底から変えました。中国の一部とされる台湾ではなく、世界史の中の台湾、日本が経営していた台湾はアジアにおける近代化の先駆けだったという真実です。真実を伝え続けていたので、富察も二〇二三年春に上海に渡ったところ、中国当局に拘束されて現在に至ります。文字通り、「満洲国の近現代史」の真実が中国から危険視されているからです。歴史を政治とみなす中国は、歴史の真実が国民に伝わるのを許さないからです。

清朝の継承国家を自任する中国において、未だに「清朝史」が編纂《へんさん》されていません。前の王朝が滅んだら、天命を受けて新たに正統な地位を築き上げた次の政権が歴史を編纂するのが慣例ですが、今の中国にはそれができません。著者が別の本で言っているように、江沢民《こうたくみん》時代に「清朝史」を編纂するプロジェクトは立ち上がっていました。私の知り合いのモンゴル人研究者も数人、それに加わっていました。しかし、プロジェクトに加わっていた中国人たちは満洲語とモンゴル語、それにチベット語が読めないこと、漢文記録だけでも、読めば読むほど、満洲人とモンゴル人が打ち立てた清朝の真実が伝わるので、政治判断で編纂がストップしたのです。パックス・マンチュリカ、即《すなわ》ち満洲人統治下の平和を三百年近く享受し、人口が世界一に増えた中国人はどうしてもその良さを認めたくなかったからです。だからこそ、本書が描き伝えようとする満洲国の歴史の真実は余計に重要です。満洲国は日本が一方的に「侵略の為」に創った傀儡《かいらい》国家ではなく、清朝とそれ以前のモンゴル帝国の歴史的脈絡の中から生まれた国です。

では、本書に含蓄されている岡田・宮脇史学の魅力は何でしょうか。

私のようなモンゴル人学徒からすれば、岡田・宮脇史学は「ユーラシア・ステップの文献群」に立脚していることです。岡田先生はその不朽の名著『世界史の誕生』（ちくまライブラリー、一九九二）で、一六六二年に書かれたモンゴル語年代記『蒙古源流《エルデニイン・トプチ》』に注目しています。その著作はまず宇宙の起源について描き、それから人類の発生、人類最初の王、インド・チベットの王統をまとめてからモンゴル史につないでいきます。いわば、遊牧民の歴史家が著述した世界史です。そのような洋の東西の文献を渉猟した上で、「一二〇六年の春、モンゴル高原の片隅に遊牧民が集まって、チンギス・ハーンを自分たちの最高指導者に選挙した事件は、……世界史のはじまりだったのです」、と宣言します。というのは、モンゴル帝国の誕生により、西洋が東洋を知り、中国も長城以外の世界と繋がるようになったからです。

ひるがえって、モンゴル語の年代記を軽視してきた歴史学者の間からは学界にインパクトを与え、市民社会の歴史観を根底から変えた学説は現れませんでした。というのも、彼らは漢文のみに頼り切りで、漢文の呪縛《じゅばく》から解脱できなかったからです。漢文にある匈奴《きょうど》・突厥《とっけつ》・蒙古・満洲に関する記述は悪意に満ちた内容からなります。被害者史観に基づく、一方的な誹謗《ひぼう》中傷から捏《ねつ》造《ぞう》されたものが大半です。そのような差別と偏見が溢《あふ》れた記録を「史料」として使った研究に、ユーラシアの遊牧民の真の姿が反映されることはありません。

私が一九八九年春に日本に留学してきた時、日本の東洋史研究者の論文や著書を読んでみたら、漢文の注釈こそ中国人より綿密であるが、導きだされた結論は中国人と何ら変わらなかったのに失望を禁じ得ませんでした。どうして歴史の主人公、それも当事者の記録であるモンゴル語年代記を読もうとしないのか、摩訶《まか》不思議に思っていました。

そうした中で、異彩を放っていたのが、岡田先生の研究であります。先生が英語で書き、欧米の一流の学術誌に発表した数々の論文はどれも『蒙古源流』や『黄金史綱《アルタン・トブチ》』、それにモンゴル語やテュルク語の年代記を素材としたものです。特に『蒙古源流』の場合、その著者は私の故郷の出身だったことから、親しみを感じました。『蒙古源流』内の物語を私は小さい時から聞いていたので、岡田先生の世界史的解釈で視野が広がったものです。

しかし、漢文を偏愛する歴史学者が学界で発言権を有していたので、岡田先生の学説は意図的に無視されていました。私は逆に関心が強まり、関連の著作を更に読み耽《ふけ》るようになりました。『康熙帝《こうきてい》の手紙』（中公新書、一九七九年、二〇一三年に増補版が藤原書店・清朝史叢書の一冊として刊行、二〇一六年に『大清帝国隆盛期の実像』と改題）も主な舞台は私の故郷オルドスだったことから、まったく知られていなかったモンゴル史・清朝史が如実に伝わってきます。それはちょうど『蒙古源流』が幕を降ろす時代につながる歴史です。モンゴルが後金国《こうきん》に帰順するまでのドラマを『蒙古源流』は織り成し、その後の展開は『康熙帝の手紙』が伝えています。康熙帝の手紙は満洲語で書かれていました。漢文記録の中の下品な表現や粗野な文体と異なり、康熙帝の手紙は正にステップの芳香を漂わせた美文でした。

洗練された草原の年代記と野卑な漢文。それぞれから生まれた成果も自ずから違います。本書

解説

楊海英

を含む淳子先生の一連の著作にも当然、草原の優雅な文化が貫徹されています。だから、岡田・宮脇両先生の著作はモンゴル国でも歓迎され、翻訳されています。

私はモンゴル人ですが、満洲国の出身ではありません。満洲国の隣国、モンゴル自治邦（蒙《もう》疆《きょう》）の緩やかな統治下に一時は置かれていました。それでも、満洲国やモンゴル自治邦時代に日本型近代化の教育や訓練を受けた知識人、軍人から直接、教えを受けました。彼らの高潔な人格と洗練された振る舞いは日本型近代の結果だ、と自他ともに認められていました。満洲国時代は特別だった、とモンゴル人は思っています。

ただし、若干の留保もあります。

戦後になって、日本は意図的に満洲国を忘却し、ひたすら中国に謝罪するようになりました。私からすれば、それは忘却ではなく、忘れたふりをしているだけです。満洲国や蒙疆が中国に編入され、中国領とされたので、その支配者にだけ謝罪しておけば無難だろう、という安易な発想です。モンゴル人が日本時代を褒めると、いわゆる右派・保守派が喜ぶのに対し、「偽満洲国」を糾弾すれば、左派・リベラルから喝采《かっさい》を浴びます。私たちは誰かを喜ばせたり、別のどなたかからのご褒美を求めたりしてはいません。歴史の真実を知りたいだけです。淳子先生はそれを実践し、私たちに寄り添っています。言い換えれば、日本社会の思想的な不毛を凌駕《りょうが》した研究者です。それこそ、歴史の真実であります。

宮脇淳子（みやわき じゅんこ）
1952年和歌山県生まれ。京都大学文学部卒業、大阪大学大学院博士課程修了。博士（学術）。専攻は東洋史。大学院在学中から、東京外国語大学の岡田英弘教授からモンゴル語・満洲語・シナ史を、その後、東京大学の山口瑞鳳教授からチベット語・チベット史を学ぶ。東京外国語大学アジア・アフリカ言語文化研究所共同研究員を経て、東京外国語大学、常磐大学、国士舘大学、東京大学などの非常勤講師を歴任。現在、昭和12年学会会長、公益財団法人東洋文庫研究員としても活躍。
著書に『ロシアとは何か』（扶桑社）、『中国・韓国の正体』（ワック）、『モンゴルの歴史』（刀水書房）、『どの教科書にも書かれていない 日本人のための世界史』（KADOKAWA）、『かわいそうな歴史の国の中国人』『悲しい歴史の国の韓国人』『日本人が教えたい新しい世界史』『皇帝たちの中国史』（徳間書店）などがある。

満洲国から見た近現代史の真実

第1刷　2024年6月30日

著者／宮脇淳子

発行人／小宮英行
発行所／株式会社 徳間書店　〒141-8202　東京都品川区上大崎3-1-1　目黒セントラルスクエア
電話／編集 03-5403-4344　販売 049-293-5521
振替／00140-0-44392
カバー印刷／近代美術株式会社
印刷・製本／中央精版印刷株式会社

ISBN978-4-19-865853-3